Social, Emotional, Ethical Learning

SEE Learning
사회·정서·인성 교육 안내서

사회성 교육
정서 교육
인성 교육을 위한
학습법

마음과 생각을 키우는 교육

Center for Contemplative Science and
Compassion-Based Ethics at Emory University 저
민희정 역

SEE LEARNING

박영story

서문

사회 · 정서 · 인성 교육을 위한 시대가 왔습니다.

오늘날 우리가 살고 있는 이 세상은 보이지 않지만 서로 연결되어 있습니다. 우리가 마주하게 된, 그리고 우리의 후손들이 마주하게 될 과제들은 국가, 윤리, 종교라는 틀을 넘어 서로 협력해야만 해결할 수 있는 문제들입니다. 우리는 서로를 지구촌에 함께 살고 있는 형제자매로 바라보아야 합니다. 한정된 자원을 갖기 위해 싸워야만 하는 반목의 대상이나 경쟁자로 대해서는 안 됩니다. 따라서, 지금 우리에게는 모든 것이 서로 연결되어 있으며, 대화와 협력을 통해 문제를 해결하고 변화를 도모할 수 있다는 것을 알려줄 새로운 사고방식이 필요합니다. 우리가 가진 자비는 우리와 유사한 사람들에게만 한정되는 것이 아닙니다. 같은 시민권을 가지고 있거나 동일한 종교를 가지고 있는 이들에게만 제한될 수도 없습니다. 자비는 반드시 보편적 인간성을 지닌 모든 사람에게 확장되어야 합니다.

모든 종교는 자비를 이야기합니다. 그러나 대중을 포용하기 위해서는 보편적으로 받아들일 수 있는 윤리적 접근방식이 필요합니다. 공감, 인내, 용서, 그리고 사랑과 같은 인간의 기본 덕목을 기르는 대중 윤리secular ethics가 바로 그것입니다. 최근 연구들은 이러한 덕목들이 상식과 경험, 과학적 근거에 기초한 학습과 훈련을 통해 개발될 수 있음을 보여 주고 있습니다. 인성적 덕목은 가슴으로 느끼고 머리로 이해하는 통합적 과정을 통해 가르쳐야 하며, 정해진 규칙을 따르도록 강요하는 방식이 아닌, 자발적으로 참여해 탐구하고 추론하고 이해하며 실천하도록 도와야 합니다.

에모리 대학교와 '명상과학과 자비에 기초한 인성센터Center for Contemplative Science and Compassion-Based Ethics'가 이러한 접근법을 적용해 사회·정서·인성 교육 프로그램SEE Learning을 개발하게 된 것을 매우 기쁘게 생각합니다. SEE Learning은 아동의 전인적인 발달을 도모하기 위해 개발된 프로그램입니다. 이 프로그램은 최신의 교육적 활동과 연구들을 접목해 학생, 교사, 학교를 위해 개발되었습니다. 저는 20년 전부터 에모리 대학교와 협력적인 관계를 맺고 머리mind와 가슴heart을 위한 교육의 가치와 의미를 탐구해 왔습니다. 이러한 협력이 드디어 뜻깊은 열매를 맺었다고 생각합니다.

이 프로그램의 개발 과정에는 많은 전문가가 참여해 아낌 없이 조언해 주었습니다. 여기에는 에모리 대학교에 있는 헌신적인 동료들뿐 아니라, 다른 나라에 있는 많은 전문가도 참여했습니다. 이렇게 많은 분이 교육과정 개발에 참여했다는 것은 세계적인 인성 교육과정이 드디어 시작되었다는 것을 보여 줍니다.

SEE Learning 프로젝트는 처음 시작되었을 때부터 국제적인 교육과정을 개발하기 위해 다른 나라와 다양한 문화, 그리고 여러 언어를 사용하는 분들이 많이 참여했습니다. 그리고 이렇게 다양한 나라와 문화에서 채택해 실행할 수 있는 교육과정이 완성되었습니다.

마음과 생각을 함께 키우는 교육을 위한 세계적인 교육과정을 수립하는 것은 제 오랜 꿈이었습니다. 이 프로젝트에 도움을 주신 많은 분과 여러 단체에 감사의 마음을 전합니다. 교육계에 종사하고 있는 많은 분이 이 프로그램을 선택해 교사와 학생들을 도울 수 있는 실천적인 길을 발견했으면 합니다. 우리가 함께 협력하고 노력해서 맺은 이 뜻깊은 열매로 인해 많은 후손들이 좀 더 행복해지기를 기원합니다.

2019년 1월 23일
달라이 라마

대니얼 골먼 서문

1990년대 중반 《EQ 감성지능 Emotional Intelligence》이라는 책을 내면서 '정서 이해'라는 말을 소개했습니다. 정서 이해는 자신의 감정을 인식하고 조절하며, 타인에게 공감하고 조화로운 관계를 형성해 유지하면서 건강한 사회적 행동을 이끌어내는 것을 의미하는 것으로, 이 때 정서 교육이 필요함을 처음으로 이야기 했습니다.

지금은 정서 교육에 대한 관심이 널리 퍼져 전 세계에 있는 대다수 학교에서 성적을 올리기 위한 교육에만 치중하는 것이 아니라, 정서 교육도 함께 이루어져야 한다는 움직임이 일어나고 있습니다. 이러한 교육을 '사회 정서 학습', 또는 SEL이라고 부릅니다. 가장 좋은 교육과정은 감정과 뇌과학에 대한 최고 수준의 연구에 기반을 두고 개발된 프로그램일 것입니다.

그러나 현재 개발된 프로그램에는 학생들이 반드시 배워야 할 중요한 부분이 결여되어 있습니다. 달라이 라마 존자와 함께 *'A Force for Good: The Dalai Lama's Vision for our World'*를 펴내면서 이러한 문제는 더욱 명백하게 드러났습니다. 마음을 교육하는 것은 달라이 라마 존자가 꿈꾸는 더 나은 세상을 위한 비전을 밝히는 일입니다. 학생들이 자비로운 시선으로 세상을 바라보면서 인성을 가꾸고 실천하면 전 세계가 더 나은 방향으로 나아갈 수 있습니다. 달라이 라마 존자가 말씀하셨듯이, '20세기 사람들'은 빈부 간 격차를 심화시켰고, '내 편과 네 편'을 나누어 서로에게 반목했으며, 지구온난화를 가속시키는 등 세계적인 문제를 양산했습니다. '21세기 사람들'은 따라서 이 문제를 해결해야 하는 상황에 놓여 있습니다.

이러한 문제를 해결하는 데 중요한 역할을 하는 것이 바로 교육입니다. 달라이 라마 존자는 수십 년간 교육 현장에서 인간의 기본적인 덕목과 인류에 대한 책임감을 가르쳐야 한다고 말씀하셨습니다. 그 중심에는 자비가 있습니다. 에모리 대학교에서 개발한 사회·

정서 · 인성 교육 프로그램은 이러한 달라이 라마 존자의 바람과 열정에 기반한 것입니다.

에모리 대학교에서 SEE Learning 교육과정을 개발한 것은 우연이 아닙니다. 달라이 라마 존자는 1998년부터 에모리 대학교와 학문적인 교류를 맺어왔고, 현재는 최고의 석좌 교수 자리에 계십니다. SEE Learning 교육과정은 달라이 라마 존자가 모든 학생들에게 꼭 필요한 교육이라고 말씀했던 모든 것을 담고 있습니다. '달라이 라마의 종교를 넘어'라는 책과 그의 다른 저서들이 이 교육과정 모형 안에 모두 녹아 있습니다.

피터 센지와 제가 함께 펴낸 'The Triple Focus: A New Approach to Education'이라는 책의 내용도 교육과정 모형 안에 통합되어 있습니다. 우리는 집중력을 키우고 자비를 개발하는 교육을 열망해 왔습니다. 그리고 경제 분야부터 지구 과학에 이르기까지 우리 삶을 형성하는 광범위한 체계로 생각을 확장시킬 수 있는 통합적인 교육을 요구해 왔습니다.

SEE Learning은 학생들에게 이러한 교육적 혁신을 가장 잘 전달할 수 있는 매우 뛰어난 교육과정입니다. SEE Learning 교육과정은 사회 정서 학습의 진보된 모형인 SEL 2.0으로 우리의 교육이 앞으로 나아가야 할 방향을 제시할 것입니다.

대니얼 골먼, PhD
《EQ 감성지능》의 저자이자,
CASEL(Collaborative for Academic, Social, and Emotional Learning) 공동 설립자

| 감사의 글 |

에모리 대학교의 사회 · 정서 · 인성 교육 프로그램인 SEE Learning은 많은 분의 노력으로 탄생했습니다. 어떤 보상이나 사례도 바라지 않고 진심으로 자신의 시간과 노력을 쏟아 열심히 봉사하고 참여한 분들이 있었기에 가능한 일이었습니다. 이름을 모두 나열하기는 어렵겠지만, 이 프로그램과 교재를 만드는 데에는 수백 분에 달하는 각 분야의 전문가, 작가, 연구자, 교사, 상담사, 행정가, 함께 일한 여러 스태프, 그리고 학생들이 중요한 역할을 했습니다. 에모리 대학교의 SEE Learning 팀에서는 어떤 형식으로든 이 프로그램이 개발되고 완성될 수 있도록 기여한 많은 분들께, 진심으로 깊은 감사와 고마움을 전합니다. 그리고 이 프로그램이 지금의 모습에서, 그리고 앞으로 더 발전할 모습에서 여러분이 보여 준 열정과 통찰, 그리고 희망과 비전이 잘 반영되길 바랍니다.

교육과 발달심리 분야의 이론과 실제, 그리고 연구 분야에 전문적인 경험을 가진 많은 분이 SEE Learning의 이론적 모형을 만들고 교육과정을 개발하는 데 많은 조언을 해 주셨습니다. 특히 대니얼 골먼Daniel Goleman 박사, 마크 그린버그Mark Greenberg 박사, 툽텐 진파Thupten Jinpa 박사, 로버트 로저Robert Roeser 박사, 소피 랑리Sophie Langri, 그리고 타라 윌키Tara Wilkie에게 감사의 말씀을 드립니다. 또한, SEE Learning 사회 · 정서 · 인성 교육 안내서와 교육 프로그램, 그리고 평가 도구와 연구 도구를 개발하는 데 크게 기여해 준 킴벌리 쇼너트-라이클Kimberly Schonert-Reichl 박사와 교육과정 개발과 교사 교육, 프로그램 전체를 세심하게 검토해 준 린다 란티에리Linda Lantieri에게 크나큰 감사의 말씀을 드립니다. 더불어 SEE Learning 프로그램에 대해 조언과 지지를 아끼지 않고, 친절하게도 트라우마와 회복탄력성에 관련된 중요한 교육 자료를 사용할 수 있도록 마음을 열어 준 일레인 밀러-캐러스Elaine Miller-Karas와 트라우마 자원 연구소Trauma Resource Institute 팀에게도 진심으로 감사의 마음을 전합니다. 이분들 모두 수년에 이르는 기간 동안 끈기 있게 전문적인 자문을 해 주시면서 SEE Learning 프로그램이 잘 개발될 수 있도록 도와주셨습니다. 진심으로 감사드립니다.

교육과정을 작성하는 데에는 공동의 노력이 필요했으며, 수십 명의 선생님과 교육과정 작성자들의 노력이 반영되었습니다. 특히 교육과정을 작성하고 상담하면서 교육 안내서의 운영 방법 영역에 대한 조언도 함께 해 준 전문가들, 제니퍼 녹스Jennifer Knox, 엠 제니퍼 키틸M Jennifer Kitil, 몰리 스튜어트 롤러Molly Stewart Lawlor, 에밀리 오스틴 어Emily Austin Orr, 켈리 리처드Kelly Richards, 줄리 소브Julie Sauve, 제나 와이트헤드Jenna Whitehead, 그리고 재클린 벌보니Jacqueline Maloney에게 감사의 마음을 전합니다. 또한, SEE Learning의 온라인 교사 교육 플랫폼을 개발한 XD Agency와 교육과정 책을 디자인하고 출판할 수 있도록 도와준 브룩 볼렌Brook Bolen, 앤 매캐이 브라이슨Ann McKay Bryson, 에스텔라 럼Estella Lum에게도 감사드립니다.

우리가 SEE Learning 프로그램을 학교에 도입해 선행연구를 진행할 수 있도록 기꺼이 학교의 문을 열어준 학교 행정가 및 구성원 여러분도 계십니다. 미국 조지아에 위치한 파이디아 학교Paideia School, 킨데지 학교Kindezi School, 우드워드 아카데미Woodward Academy, 애틀랜타 유대교 아카데미Atlanta Jewish Academy, 그리고 엑셀 아카데미Excel Academy에 너무나도 감사합니다. 피오리아 일리노이 학군the Peoria Illinois school district, 에스핀 공립학교Aspen Public Schools, 에스핀 지역학교Aspen Country Day School, 그리고 에스핀 교회Aspen Chapel에도 진심으로 감사드립니다. 마지막으로 인도 다람살라에 있는 통렌 학교Tong-Len School에도, 그리고 또 다른 수많은 학교에도 무한한 감사의 말씀을 드립니다. 이 학교들을 포함한 여러 초등학교, 중학교, 고등학교 교사들로 이루어진 교육자팀은 그동안 쌓은 교육적 경험으로 교육과정의 내용을 만들고 구성하는 데 도움을 주었으며, 이렇게 만들어진 교육과정을 실제로 교실에서 실행해 선행연구를 진행할 수 있도록 도왔습니다. 그리고 교육과정 실행 후 의미 있는 피드백을 주는 중요한 역할도 해 주었습니다. 이들 중 니콜라스 알라르콘Nicolas Alarcon, 마사 콜드웰Martha Caldwell, 캐리 카버Carri Carver, 페니 클레먼츠Penny Clements, 호세 코르데로Jose Cordero, 라이더 딜라로이Ryder Delaloye, 타이슨 딜Tyson Deal, 아이든 다우니Aiden Downey, 로살린 이 더프Rosalynne E Duff, 바버라 던바Barbara Dunbar, 조너선 비 그레인저Jonathan B Grainger, 매리 해스팅스Mary Hastings, 엘리자베스 헌Elizabeth Hearn, 톨리 존슨Tally Johnson, 벤 나벨Ben Knabel, 메건 누난Megan Noonan, 코니 지머맨 패리시Connie Zimmerman Parish, 조너선 페트래시Jonathan Petrash, 보니 스팔링Bonnie Sparling, 트리시아 언더우드Tricia Underwood, 아네트 와워나Annette Wawerna, 코니 와이트Connie White, 그리고 린지 웍잘코스키Lindsay Wyczalkowski에게 큰 감사의 마음을 전합니다.

SEE Learning이 세계의 여러 나라와 다른 문화권 안에서 다양한 언어로 사용될 수 있도록 도와주고 앞으로도 계속 함께 작업할 분들인 수많은 국제 협력자들과 SEE Learning 국제 자문단에도 감사의 말씀을 전합니다. 특히 인도의 비어 싱Veer Singh과 바나 재단Vana Foundation, 다람살라의 교육심의회장이자 티베트 도서관 관장인 게셰 락도Geshe Lhakdor, 티베트 하우스 브라질 관장 체왕 푼초Tsewang Phuntso, 티베트 하우스 프랑크푸르트의 코리나 아귈라-랍Corina Aguilar-Raab 박사와 실비아 와이즈만 피스칼리니Silvia Wiesmann-Fiscalini, 이탈리아의 라마 종카파 연구소Istituto Lama Tzong Khapa, 그리고 북아일랜드의 리처드 무어Richard Moore 박사와 아동구호기관Children in Crossfire에 감사드립니다.

SEE Learning 프로그램 개발은 에모리 대학교의 '명상 과학과 자비에 기초한 인성 센터Center for Contemplative Science and Compassion-Based Ethics'의 프로젝트 중 하나로 센터의 모든 구성원의 노력이 깃들어 있습니다. 센터장인 롭상 텐진 네기Lobsang Tenzin Negi 박사는 SEE Learning의 개발 초기부터 선두에 서서 이끌고 있습니다. 부센터장인 브랜단 오자와-드 실바Brendan Ozawa-de Silva 박사도 프로젝트 초기부터 네기 박사와 함께 교육과정 개발에 큰 역할을 하고 있으며, 교육과정 해설서를 네기 박사와 함께 작성했고, 교육과정과 프로그램 전반에서 여러 요소를 감독하고 감수했습니다. 센터 구성원 모두가 이 프로그램 개발에 기여했는데, 특히 중요한 작업을 해준 캐럴 벡Carol Beck, 티머시 해리슨Timothy Harrison, 게셰 다둘 남갈Geshe Dadul Namgyal, 타이랄린 프레이저Tyralynn Frazier, 쏜듀 샘펠Tsondue Samphel, 린디 세테븐데미Lindy Settevendemie, 텐진 소남Tenzin Sonam, 그리고 크리스타 티나리Christa Tinari에게 감사의 마음을 전합니다. 또한, 학교들을 대표하여 센터를 지원하고 독려한 센터자문단과 자문단의 공동대표 게리 학Gary Hauk과 로버트 폴Robert Paul에게도 감사함을 전합니다. 에모리 대학교의 구성원들 또한 든든한 지지를 보내주었는데, 센터가 설립되고 발전할 수 있도록 협조를 아끼지 않은 에모리 대학교의 클레어 스턱Claire Sterk 총장과 마이클 엘리엇Michael Elliott 학장, 그리고 대학의 많은 학과와 행정 부서에 고마움을 전합니다.

마지막으로, 달라이 라마 존자께 깊은 감사의 말씀을 드립니다. 그의 도움 없이 이 프로젝트는 시작될 수 없었으며, 달라이 라마의 통찰적 비전, 그리고 다람살라에 위치한 달라이라마 집무실과 전 세계에 있는 티베트 사무실의 전폭적이고 끊임없는 지지가 이 프로젝트를 가능하게 했습니다. SEE Learning은 여러 면에서 인류를 위해 문화 간, 학제 간 협력의 비전을 가지고 맺어진 에모리 대학교와 달라이 라마의 20년간 관계가 만들이 낸 최고 성과라 할 수 있습니다. 달라이 라마는 인간의 기본적 덕목과 '대중 윤리secular ethics'를 사회 전반에 뿌리 내리게 하기 위해 쉬지 않고 노력해 왔습니다. 특히 "마음과 생각을 키우는 교육Educating the Heart and Mind"의 중요성에 대해 천명하며 교육의 미래를 위해 노력해 왔습니다. SEE Learning 프로그램은 이러한 미래를 위한, 그리고 어디에나 적용 가능한 보편적 접근 방법이 있을 수 있음을 보여 주는 하나의 예입니다. 달라이 라마는 SEE Learning 프로그램이 시작될 수 있도록 초기에 재정적 지원도 해주셨습니다. 그의 지원이 없었다면, 이 프로젝트는 시작될 수 없었을 것입니다. 에모리 대학교에 센터를 설립하고 이 프로그램을 개발해 실행할 수 있도록 재정적 지원을 보내준 달라이 라마 가덴 포드랑 재단Gaden Phodrang Foundation of the Dalai Lama, 예세 콜로 재단Yeshe Khorlo Foundation, 그리고 피에르 & 파멜라 오미드야 재단Pierre and Pamela Omidyar Foundation에 무한한 감사의 마음을 전합니다. 또한, 월튼 가문 재단Walton Family Foundation, 로빈스 재단Robins Foundation, 그리고 렉시와 로버트 포탐킨Lexie & Robert Potamkin에게도 진심으로 감사합니다. SEE Learning의 가능성을 믿고 아낌없이 지지와 격려를 보내주신 많은 분들께 감사드리며, 많은 아이들이 이 프로그램으로 인해 행복해지길 기원합니다.

감사의 마음을 전하며
SEE Learning 팀

목차

SEE Learning 교육과정 모형

1장

여는 말

SEE Learning, 즉 사회 · 정서 · 인성_{Social, Emotional, and Ethical: SEE} 교육 프로그램은 전 세계에 있는 유치원, 초등학교, 중학교, 고등학교 교실에 적용 가능한 사회적, 정서적, 인성적 발달을 도모하는 국제적인 학습 프로그램이다. 이 프로그램은 대학교나 기타 전문적 교육 현장에서도 사용할 수 있도록 고안되었다. SEE Learning 프로그램은 현 세대와 미래 세대의 행복과 번영을 최대한으로 이끌기 위한 도구로서 교육과정의 이론적 모형을 근거로 개발되었으며, 깊이 있고 창조적인 방법을 연구한 여러 선구자, 과학자, 연구자, 교육자들이 있었기에 완성될 수 있었다. 이 프로그램의 이론적 구조는 사회 정서 학습_{SEL}에서 축적된 연구에 토대를 두고 있으며, 중요한 아동 발달 시기에 학습 능력과 행복감을 동시에 증진시키기 위해 정서조절 능력, 자기 자비, 대인관계 기술 등을 기르도록 구성되었다.

이 장에서는 SEE Learning의 이론적 틀과 구조인 교육과정 모형에 대해 설명한다. 이어지는 장에서는 모형의 구성 요소를 하나씩 살펴보고, 다음으로 주요 용어를 설명할 것이다. SEE Learning 프로그램은 이론적 구조와 교육과정 모형만 제시하는 것이 아니라 이에 기초한 교육 프로그램도 제공하고 있다. 이 교육 프로그램은 수업의 구조와 준비물 등이 제시된 교육 활동(수업 활동이라 부른다)으로 구성되어 있으며, 학생들은 수업을 통해 배우고 이해하며, 직접적으로 사용할 수 있는 실제적 기술을 습득할 것이다. 그뿐만 아니라 교육자들이 교육과정을 준비하고, 연습하며, 실행하고, 평가하는데 도움을 받을 수 있도록 교육

과정 실행 안내서도 제공한다. SEE Learning 교육과정은 연령별로 나뉘어져 있으며, 연령
대별로 교육과정을 실행하는 데 필요한 자료도 함께 제공될 것이다.

윤리에 대한 초분파적 접근

　　SEE Learning 프로그램은 종교적인 목적을 갖고 있는 학교나 그렇지 않은 학교나 어
떤 교육기관에서든 사용할 수 있는 교육 프로그램이다. 이 프로그램은 다른 문화적 배경
을 지닌 세계 여러 나라에서도 사용할 수 있는 보편적인 교육과정 모형을 제시한다. 본 프
로그램의 윤리에 대한 접근법은 어떤 특정 종교나 문화, 윤리, 도덕적 전통에 기초하여 형
성되지 않았다. 오히려 어떤 분파에도 얽매이지 않고 종교적 믿음과는 상관없이, 누구에게
나 수용될 수 있는 보편적 윤리를 지향하는 '대중 윤리secular ethics' 접근법에 기초하고 있다.
SEE Learning은 학생들의 '정서이해력emotional literacy' 발달을 촉진시킬 뿐 아니라 '윤리이해
력ethical literacy'도 증진시킨다. 여기서 윤리는 외부로부터 주입된 꼭 해야만 하는 윤리적 의
무에 대한 집착을 말하지 않는다. SEE Learning에서는 학생들이 자신과 타인의 행복을 위
해 취해야 하는 행동을 이해하고 이를 위한 기술을 터득하는 것을 윤리로 본다. 윤리에 대
한 이러한 보편적 접근법의 가능성과 힘을 예견하고 이것이 우리가 살고 있는 사회와 전 세
계에 미칠 영향을 생각해온 많은 사람들이 이 교육과정의 이론적 구조를 형성하는 데 중요
한 도움을 주었다. 이들 중 가장 중요하다고 할 수 있는 분이 바로 달라이 라마다. 달라이
라마는 전통적인 교과 과정과 더불어 우리의 상식이나 일반적 경험, 그리고 과학을 통해 명
확히 구분되는 인간의 기본적 덕목에 뿌리를 둔 자비롭고 윤리적인 마음을 키워주는 전인
적인 교육 방법이 필요하다고 이야기해 왔다. 달라이 라마는 지난 40년 동안 진행된 뛰어
난 과학자, 교육자, 세계적인 종교 지도자들과의 대화를 통해 대중 윤리에 대한 생각을 발
전시키고 그것을 책으로 내고 있으며, 교육현장에도 적용해 실행하고 있다. 그리고 이러한
활동들은 최근 다양한 학문 분야에 있는 사상가들에 의해 계속해서 보완되고 있다. 더불어,
달라이 라마는 20년 전부터 에모리 대학교와 밀접한 관계를 맺어왔는데, 이는 문화 간, 학
제 간 협력을 증진시켰으며, 이 결과 자비 분야에 있어서 선구적인 연구가 수행되었다. 이

러한 작업을 진행하는 궁극적인 목적은 바로 달라이 라마와 에모리 대학교가 공통적으로 가지고 있는 마음heart과 생각mind에 대한 비전을 밝히는 것이다.

인간의 기본적인 덕목을 키우는 것이 자신과 타인 모두에게 이익이 된다는 생각은 세계적으로 인성적 덕목들이 행복과 연관되어 있다는 과학적 연구가 등장하면서 빠르게 퍼지고 있다. 유엔이 발표한 '2016 세계행복보고서'에는 대중 윤리를 설명하는 장이 있다. 이 장에서는 "인류의 성장은 우리가 얼마나 삶을 즐겁게 살고 있는지를 기준으로 평가되어야 한다. 즉 행복지수, 반대로 말하면 불행이 없는 정도에 의해 평가되어야 한다. … 우리는 사람들과의 관계 속에서 우리가 영향을 줄 수 있는 많은 이들의 행복을 진심으로 빌어야 하며, 무조건적인 자비를 낼 수 있는 마음의 태도를 길러야 한다."고 설명한다. 이 보고서는 계속해서 달라이 라마의 글을 인용한다. "종교적 믿음을 가진 사람이든 그렇지 않은 사람이든 누구나 거리낌 없이 수용할 수 있는 윤리가 있어야 한다. 지금 우리에겐 대중 윤리가 필요하다."[1]

이 프로그램의 모형에 영향을 준 윤리의 개념은 이렇듯 보편적이고 포괄적인 입장을 취하고 있으며, 결코 어떤 종교에도 반대하려는 입장을 취하지 않는다. 이 프로그램의 윤리는 상식과 일반적 경험, 그리고 과학에 기초하고 있으며, 인류의 보편적 인간성과 상호 의존성에 근거를 두고 있다. 앞에서 설명했듯이, SEE Learning은 다양한 방법으로 표현될 수 있는 교육과정 모형이다. 따라서, SEE Learning 표준교육과정을 실행하면서 개인적으로 개발하거나 자연스럽게 발현되는 다양한 프로그램이 나올 수 있다. 각각의 프로그램은 교사가 가르치는 곳의 환경과 학생들의 요구에 최적으로 맞춰지면서 개별적 특징을 가지며 발달할 것이다. 우리는 SEE Learning의 교육과정 모형에서 설명하는 내용과 활동들이 다양한 프로그램 안에서 비종교적으로 잘 유지되길 바라지만, 특정 사회나 학교에서 자신들이 추구하는 종교적, 혹은 문화적 가치를 전달하기 위해 SEE Learning을 선택할 수

---

1   Layer, Richard. "Promoting Secular Ethics." Ed. Helliwell, J., Layard, R., & Sachs, J. (2016). *World Happiness Report 2016, Update (Vol. I)*. New York: Sustainable Development Solutions Network.

도 있을 것이다.

SEE Learning은 우리의 상식, 일반적 경험, 그리고 과학에 토대를 두기 때문에 심리학, 교육학, 뇌과학 분야에서 인간의 기본적 덕목, 친사회적 정서, 친사회적 능력, 그리고 이러한 능력이 가르쳐지고 길러질 수 있는 방법을 연구한 과학자와 연구자들에 의해 영향을 받았다. 또한 SEE Learning은 여러 나라에 있는 교육자들이 자신의 학교에서 다양한 연령대의 학생들을 대상으로 교육과정을 실행한 교육적 경험에 기반을 두고 있다. 이는 이 교육과정 모형에서 제시하는 접근방법이 굉장히 실용적이며, 다양한 학교 현장에서 실행될 때 긍정적 결과를 도출할 수 있다는 것을 보여준다.

SEE Learning은 교육이 좁게는 개인에게, 넓게는 사회에 더 나은 행복을 가져다주는 덕목과 능력들을 키우도록 도울 수 있으며, 교육이 이러한 일에 앞장서야 한다는 생각에 기초를 두고 개발되었다. 현재 이러한 생각들은 다양한 영역에서 빠르게 지지를 받으며 성장하고 있다. 많은 연구는 교육이 정서적 알아차림, 사회적 기술, 타인과 협력하고 협동할 수 있는 능력, 갈등이 일어났을 때 건설적으로 문제를 해결할 수 있는 능력과 같은 정서 발달을 포함해야 하며, 정서적 영역은 제외한 채 인지적 기술에만 초점을 두는 것은 현명하지 않은 교육이라고 설명한다. 교육에서 삶의 기술을 가르쳐야 한다고 주장하는 노벨경제학상 수상자인 제임스 헤크먼James J Heckman은 성공은 삶의 기술에 달려있으며, 삶의 기술을 가르치는 것이 인지력 검사만큼이나 중요하다고 설명했다.[2] 이를 반영하듯, 삶의 기술을 고용 기준에 넣으려는 경영자들도 증가하는 추세다.

SEE Learning이 만들어진 취지는 바로 수학, 과학, 영어, 혹은 다른 교과 과목과는 별개로, 모든 교육 환경에서 그리고 다양한 교육 연령 수준에서 사회적, 정서적, 인성적 능력을 발달시킬 수 있는 포괄적이고 종합적인 교육과정 모형을 개발하는 것이다. 그리고 단순

---

2 Heckman, James J. and Tim D. Katuz. Hard Evidence on Soft Skills. National Bureau of Economic Research, June 2012.

하게 이론적 지식만을 알려주는 것이 아니라 실제적이고 교육적으로 적용할 수 있도록 돕는 것이다. 이 교육과정은 교사들에게 각자가 처한 환경 속에서 다른 문화적 배경, 다양한 학생들의 요구와 능력, 상황에 따른 기회와 해결해야 할 과제들이 나타날 수 있다는 점을 열어두고 이러한 상황과 요구에 맞는 대중 윤리를 학교에서 실제로 가르칠 수 있다는 것을 보여 주고자 한다. 그리고 교실에서 교육과정을 실행할 때 대중 윤리를 가르치는 방법에 대한 이론과 실제를 구체적으로 제시하고자 한다.

SEE Learning은 위에서 살펴본 바와 같이 어떤 특정 분파의 윤리적 어젠다를 따르도록 하거나 아동을 돕는 데 있어서 가족과 문화의 역할을 배제하거나 대체해야 한다고 주장하지 않는다. 부모와 사회가 SEE Learning을 지지하고 그들의 의견이나 노력이 교육과정에 반영될 때 이 프로그램이 최상의 모습으로 실행될 수 있을 것이다. SEE Learning이 교육과정의 내용을 전달하기 위한 모형을 제공하고는 있지만 사회적, 정서적, 인성적 능력을 키우는 진정한 교육은 교육과정뿐 아니라 학습 환경도 포함하고 있다는 점을 잊지 않아야 할 것이다.

SEE Learning과 사회 정서 학습SEL의 관계와 구분점

SEE Learning 교육과정 모형은 사회 정서 학습SEL과 통합적 교육을 지향하는 다른 교육적 접근법들에 근거를 두고 개발되었다. 대니얼 골먼의 정서지능이나 CASELCollaborative for Academic, Social and Emotional Learning(학교에서의 사회 정서 학습을 위한 협회)[3]에서 발표한 다섯 가지 핵심 역량에 익숙한 사람들이라면 SEE Learning이 이러한 교육적 접근법들과 크게 다르지 않다는 것을 알게 될 것이다. 더불어, 이 교육과정 모형은 대니얼 골먼과 피터 센지가 쓴 책, *The Triple Focus: A New Approach to Education*에 큰 영향을 받았음을 밝힌다. 현재 사회 정서 교육 프로그램을 실행하고 있는 학교가 있다면 SEE Learning이 현재의 프로그램을 보완하는 역할을 할 수 있을 것이다. 그러나 SEE Learning을 이해하기 위해서 사회

---

3 http://www.casel.org/social-and-emotional-learning/core-competencies/

정서 교육에 대해 반드시 알아야 할 필요는 없다.

SEE Learning은 사회 정서 교육 연구에 근거를 두고 있지만 이에 그치지 않고 사회 정서 교육에서 잘 다루어지고 있지 않거나, 이들 중 몇몇에 의해서만 이야기되고 있는 네 가지 요소들을 첨가했다. 그 첫 번째가 바로 집중력이다. 집중력이란 모든 학습 영역에서 중요한 역할을 하는 기본적인 학습 기술이다. 이렇게 중요함에도 불구하고, 지금까지 교육계에서는 집중력에 대해 크게 다루지 않고 있다. 대니얼 골먼은 "집중력은 아이들이 자신의 내면세계를 잘 조절할 수 있도록 돕고 학습을 촉진하기 때문에 사회 정서 교육에서 다루어야 할 중요한 과제다"라고 지적했다.[4]

둘째, SEE Learning에서는 인성에 대해 좀 더 포괄적으로 접근한다. 위에서 언급했듯이, SEE Learning에서 말하는 인성은 어떤 특정한 문화나 종교에 맞춰진 것이 아니며, 자비compassion와 같은 인간의 기본적 덕목에 근거를 두고 있다. 학생들은 SEE Learning 프로그램에서 친절과 자비가 가져오는 유익함에 대해 탐구하고, 자기 자신과 다른 사람들을 좀 더 잘 돌볼 수 있는 힘을 키울 것이다. 현재 발표되고 있는 많은 과학적 연구는 자비롭고 친절한 태도가 타인뿐 아니라 자기 자신의 신체적, 정신적 건강에도 도움을 준다고 밝히고 있다. 즉, 사회적 행복을 지향하는 태도는 분명한 의미를 가진다. 대니얼 골먼은 학교에 바로 이 부분이 부족함을 지적하면서, "다른 사람이 어떻게 생각하고 느끼는지를 단순히 아는 것만으로는 충분하지 않습니다. 우리는 그들의 삶에 대해 관심을 갖고 언제든지 도와줄 준비가 되어 있어야 해요. 저는 이것이 아동과 성인 모두에게 매우 중요한 삶의 기술이라고 생각합니다. 그리고 사회 정서 교육에서 앞으로 다루어야 할 중요한 과제라고 생각합니다."라고 말했다.[5]

---

4 Goleman and Senge, *The Triple Focus: A New Approach to Education* (Florence, Mass: More Than Sound, 2015), p. 27.

5 Goleman and Senge, *The Triple Focus*, p. 30.

셋째, SEE Learning은 최근 들어 성장하고 있는 트라우마 연구와 트라우마에 대한 치유석 섭근법을 섭복해 교사와 학생이 보다 안전하고 효과적인 방법으로 자신의 감정을 탐구하고 자기를 조절하며, 반성적인 활동을 수행할 수 있도록 돕는다. 따라서 강점에 기반한 회복탄력성 증진 프로그램을 도입했으며, 트라우마를 겪고 있는지의 여부는 상관없이 모든 학생들에게 적합한 프로그램을 제공하고 있다. 모든 학생, 더 나아가 모든 사람은 다양한 수준에서 위험하거나 안전한 경험을 하고 있다. 따라서 신경계에 대한 학습과, 몸에 기반을 둔 활동들, 그리고 '신체이해력'을 기르는 활동들을 통해 스트레스를 조절하는 법을 배우는 것은 모든 학생에게 도움이 될 것이다. 학생들은 이러한 활동을 통해 일상생활 속에서 겪는 스트레스를 즉각적으로 다룰 수 있는 도구를 얻게 될 것이며, 결과적으로 과잉 행동이나 무기력 등이 감소하고, 학습에 더 잘 참여하게 될 것이다. 교육자와 학생들 모두가 좋아하는 이 도구는 이후에 배우게 될 정서 인식과 집중된 주의력을 키우는 데 중요한 토대가 될 것이다. 회복탄력성은 개인적, 대인관계적, 사회적, 문화적 수준에서 증진될 수 있을 것이며, 우리가 어디에 존재하고 있는지, 그리고 어떻게 사회 시스템에 기여할 수 있는지를 깨닫게 하는 통합적인 접근방식이 기장 오래 지속되는 효과적인 교육 방안이 될 것이다.

마지막으로, SEE Learning은 상호의존성에 대한 인식과 시스템적 사고의 증진에 초점을 맞춘다. 계속해서 변화하고 전 세계가 하나가 되어 가는 이 시점에 개인적 성공과 윤리적 행동을 하기 위해서는 우리가 서로 어떻게 연결되어 있는지 세심하게 이해할 필요가 있다. 지금은 많은 학교에서 계속해서 복잡해져만 가는 세상 속에서 학생들이 자신과 타인의 행복과 번영을 가져올 수 있는 책임감 있는 국제 시민으로 성장할 수 있도록 지도해야 된다고 느끼고 있다. SEE Learning은 시스템적 사고방식을 도입했을 뿐 아니라 학생들에게 시스템적 사고를 가르칠 수 있는 교육 방법도 제공한다. 시스템 접근법은 말 그대로 우리가 어느 곳에 속해 있는지, 그리고 상호의존적 구조에 어떻게 영향을 받고 있는지를 아는 것을 의미한다. 이러한 시스템 접근법은 학생들이 자기 자신과 타인을 돌보는 방법을 배우기 위해 거쳐야 하는 필수적인 단계라 할 수 있다.

SEE Learning은 교육과정 안에서 시스템적 사고를 증진시키고, 개인적, 대인관계적, 구조적, 문화적 수준에서 회복탄력성을 길러주기 때문에 공평equity에 대해서도 알려준다. 공평이란 우리가 속한 사회에서 인간답게 살아가는 데 필요한 기본적인 요건들을 잘 갖출 수 있도록 지원하는 것, 그리고 모두가 만족스러운 삶을 살 수 있도록 충분한 기회를 주는 것을 의미한다. 그리고 어떤 특정 그룹이 상대적으로 불이익을 받지 않으며, 불공평한 일이 계속 발생하지 않도록 원칙을 세운 시스템을 갖추는 것을 포함한다. 교육계에서는 이러한 공평이 매우 중요하며, 사회적 관심을 기울여야 한다는 것을 점점 깨닫고 있다. 그러나 현재 불공평의 문제를 해결하기 위해 이루어지는 담론은 구조적 변화가 어떻게 이루어지고 유지될 수 있는지에 대한 설명 없이 정치적 수준에서만 그치는 경향이 있다. SEE Learning은 사회의 모든 구성원들이 행복을 만들어 나갈 수 있는 사회적 변화를 도모하고 오랫동안 유지하기 위해서는 상호의존성과 보편적 인간성에 대한 깨달음과 같은 인간의 기본적인 덕목을 기르는 것이 필요하다는 것을 제시할 것이다. 또한, 공평을 보장하거나 불공평을 조장하는 구조가 어떻게 인간의 기본 덕목과 연관될 수 있는지를 살펴보면서 학생들이 불공평함에 영향을 받게 되는 방식과 불공평함의 원인, 그리고 불공평함이 유지되는 방식에 대해 탐구하고 이야기하도록 할 것이다

2장

교육과정의 세 가지 차원과 세 가지 영역

SEE Learning은 기본적으로 학생들에게 전달하고자 하는 지식과 역량을 포괄하는 세 가지 차원에 기반을 두고 있다. 이들은 바로 (1) 알아차림 차원, (2) 자비 차원, (3) 실천의 차원이다. 이 세 가지 차원은 다시 세 가지 영역인 (1) 개인, (2) 사회관계, (3) 시스템 영역 안에 포함된다. 이러한 SEE Learning 교육과정 모형은 사회 정서 교육의 여러 연구들과 경험적 증거들에 기초하여 수립되었으며, 대니얼 골먼과 피터 센지의 *The Triple Focus*에서 설명하는 자신에 대한 집중, 타인에 대한 집중, 상호의존성과 시스템에 대한 집중과 맥을 같이한다.

SEE Learning의 세 가지 차원인 알아차림, 자비, 실천은 서로가 긴밀하게 연결되어 있기 때문에 모형에서는 겹쳐진 모습으로 설명한다. 각각의 차원은 전체적인 맥락 안에서 가장 잘 이해될 수 있지만, 개별적으로도 가르쳐질 수 있다. 각 차원에 해당하는 구성 요소들은 핵심 역량을 의미한다(그림 1).

개인이나 집단이 건설적인 행동을 취하기 위해서는 가장 먼저 문제나 논점을 인식해야 한다. 다음으로 행동을 취하려는 동기를 일으키는 정서를 돌보고 개발해야 한다. 마지막으로 능숙하게 기술적으로 행동하는 것이 필요하다.

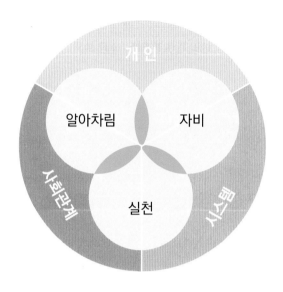

그림 1 교육과정의 차원과 영역

이것이 자신과 타인에게 가장 유용한 결과를 가져올 수 있는 알아차림, 자비, 그리고 기술적인 실천이 합쳐진 완벽한 세가지 차원의 조합이다.

이 세 가지는 '머리', '가슴', '손'과 연결된다. SEE Learning은 이 세 가지 차원으로 나뉘며, 학생들은 각각의 차원에 대해 먼저 배운 후 세가지 차원의 의미를 통합적으로 이해하게 될 것이다. 이 장에서는 세 가지 차원과 세 가지 영역에 대해 간단히 설명한다. 그리고 4장, 5장, 6장에서 각각의 영역에 대해 다루면서 이에 해당하는 세 가지 차원을 좀 더 깊이 살펴볼 것이다.

자비|Compassion

SEE Learning 모형은 세 가지 차원의 중심에 있는 자비의 원리에 충실하게 만들어졌다. 자비는 친절, 공감, 그리고 행복과 고통에 대해 관심과 염려를 보이며 자기 자신, 타인,

그리고 인류 전체와 관계를 맺는 것을 의미한다. SEE Learning에 있는 중요한 덕목들은 교사의 지시에 따르는 것이 아니라 학생 개개인의 통찰과 이해에 바탕을 두고 학습하도록 되어 있다. 이처럼, 자비와 친절도 단순히 학생들에게 자비의 방법으로 행동하도록 가르치는 것만으로는 길러지지 않는다. 자비의 차원에서 가장 중요한 것은 비판적인 사고다. 이것은 일반적인 비판적 사고가 아니라, 사람들이 자기 자신이나 타인을 필요로 하며, 함께 있기를 원하고, 가치 있게 여긴다는 사실을 이해하는 비판적 사고를 의미한다. 여기에는 자신과 타인에게 오랜 행복을 가져다 줄 수 있는 것이 무엇인지를 명확히 아는 능력도 포함된다. 행복하고자 하는 마음이 자신이라는 경계를 넘어서 타인에게로 확장될 때, 나 아닌 다른 사람들이 원하는 것을 알아차리고 파악할 수 있으며, 궁극적으로는 넓은 관점에서의 보편적 인간성에 대해 깨달을 수 있다.

다른 두 가지 차원인 알아차림과 실천은 자비의 차원을 지지해주는 방식으로 기능한다. 자신의 마음 상태나 타인의 마음을 알아차리는 것은—특히 행복과 고통의 경험에 대해서—자기 자비와 타인 자비를 기르는 데 매우 중요하다. 상호의존성과 우리가 존재하고 있는 넓은 시스템을 알아차리는 것은 국제 시민으로서 실제적인 자비를 실천하는 데 매우 중요하다. 이와 마찬가지로, 실질적 활동과 자비를 위한 기술들은—자기 돌봄이든, 주변 사람들을 위한 것이든, 아니면 지역사회를 위한 것이든—반드시 실제 자비와 돌봄으로 표현되고 실천적 자비와 돌봄을 지원하는 것이어야 한다.

자비 분야의 저명한 학자이자 스탠퍼드 대학교의 자비개발훈련 프로그램Compassion Cultivation Training: CCT의 개발자인 툽텐 진파 박사는 자비를 "다른 사람의 고통과 마주했을 때 일어나는 염려의 마음이며, 그 고통을 덜어주려는 마음을 내는 것"이라 정의했다.[6] 툽텐 진파 박사는 계속해서 다음과 같이 설명했다. "자비는 저항, 두려움, 혐오 대신, 이해, 인내, 친절로 고통에 대응하는 것이다. … 자비는 공감의 느낌을 친절하고 너그러운 행위나 이타

6　Jinpa, Thupten. *A Fearless Heart: How the courage to be compassionate can transform our lives* (Avery, 2016), xx.

적인 마음 등으로 다양하게 표현된다"고 설명했다.[7]

자비는 때때로 나약한 것으로 오해받기도 한다. 예를 들어 자신이 손해를 보는 일이 일어나도 다른 사람이 원하는 것을 갖도록 그대로 놔둔다거나, 아니면 따돌림이나 폭력적인 행동까지도 그대로 받아들이는 것을 자비로 생각하는 것이다. 그러나 SEE Learning에서의 자비는 용기 있는 자비이다. 용기 있는 자비는 나약함을 보이거나, 부당함에 대항할 능력이 없는 것을 의미하지 않는다. 오히려, 용기 있는 자비는 강력한 내면의 힘으로부터 나오는 타인을 향한 깊은 염려와 배려를 보여 주는 것으로, 결과적으로 이는 더 강력한 내면의 힘을 길러준다. 여러 학자들은 우리가 서로를 존중하고 타인과 긍정적인 상호작용을 하는 것이 인성이기 때문에, 타인의 행복과 고통의 경험에 대한 관심과 배려는 인성적 사고의 중심에 놓여있다고 말한다.[8]

SEE Learning 모형의 핵심은 자비가 무엇인지를 이해하는 것과 학생, 교사, 그리고 학습 환경에 존재하는 많은 이에게 이러한 자비를 보여 주는 것이다. 자비는 원칙적으로 SEE Learning의 모든 단계에서 드러나야 한다. 자비는 SEE Learning이 시작될 수 있는 환경을 만들어 줄 것이며, 어떻게 학교라는 공간에 소개되고 가르쳐져야 하는지 알려줄 것이다. 특히 핵심 역량을 가르칠 때 그것이 환경 안에 잘 스며들어 통합될 수 있도록 도울 것이다. 결과적으로, 학교 공동체 전체가 힘을 합쳐 서로의 행복을 도모하고 세계의 행복까지도 생각하게 하는 위대한 자비를 체화하고 실천하게 될 것이다.

학생들과 배움의 현장에 깊은 울림을 주는 역량 강화 교육이 되기 위해서는 SEE Learning을 실행하는 학교 안에 자비가 하나의 문화로 자리잡는 것이 필요하다. 교사, 부모, 그리고 학교의 다른 구성원이 함께 활동할 때, 혹은 학생이나 다른 사람들과 관계를 맺

7　Jinpa, *A Fearless Heart*, xx.

8　See for example the work in cultural psychology and moral psychology by Richard Shweder and Walter Sinnott−Armstrong; in other fields, this point has been made by Martin Buber, Emmanuel Levinas, Arthur Schopenhauer and others.

SEE Learning 교육과정 모형

을 때 자비롭게 행동하는 모습을 보여준다면, 자비는 학교의 전체 환경에 통합적으로 스며들어 문화가 될 것이다. 모두의 동의하에 공동체적 가치로서 자비를 도입하는 것은 학생들에게 이러한 마음을 기를 수 있는 기회를 제공할 것이다.

　학습 환경이 학생들의 성취에 큰 영향을 준다는 것은 잘 알려진 사실이다. 이에 SEE Learning은 교사와 행정가들이 먼저 프로그램의 개념과 활동을 탐구하고, 타인과 긍정적인 관계를 형성하면서 체화한 후에 학생에게 가르치길 권장한다. 만일 SEE Learning을 가르치면서 학교에 있는 교사와 행정가의 행동이 SEE Learning에서 이야기하는 덕목과 역량, 근본적 원리를 따르지 않는다면, 학생들은 여기서 불일치를 발견할 것이다. 이러한 불일치는 학생들로 하여금 교육적 활동에 참여하고 싶지 않다는 마음을 들게 하거나, 교육의 내용을 내면화하는 데 어려움을 겪게 만들 수 있다. 최근 발표된 교실 환경에 대한 연구 논문에서는 긍정적인 학교 환경이 폭력과 따돌림을 줄이고 학습 환경을 향상시킨다고 보고했다. "교수-학습 과정은 근본적으로 연결되어 있다. 학교에서 관계를 형성하는 기준, 목표, 가치와 상호작용의 양상은 학교 환경을 구성하는 중요한 부분이다. 학교에서의 관계 맺음에 있어서 가장 중요한 요인 중 하나는 사람들이 서로를 어떻게 느끼고 있는지를 아는 것이다. 심리학적 관점에서 보면, 관계는 타인과 연결되는 것뿐 아니라 우리 자신과 연결되는 것도 포함하는 것으로, 자신을 어떻게 느끼고 돌보는지와 연결된다."[9]

　무엇보다도 민감한 시기에 영향을 받기 쉬운 아동들이 바람직하지 않은 환경에서 성장하면 부정적인 결과를 낳게 되고 바람직한 환경에서 성장하면 긍정적인 결과를 낳게 된다는 연구가 있다.[10] 또한, 친절과 돌봄이 아동과 동물의 스트레스 호르몬과 면역 기능에 긍

9 Thapa, A., Cohen, J., Higgins-D'Alessandro, A., & Guffey, S. (2012). School climate research summary: August 2012. School Climate Brief, 3, 1-21.

10 Bakermans-Kranenburg MJ, van Ijzendoorn MH. Research Review: genetic vulnerability or differential susceptibility in child development: the case of attachment. J Child Psychol Psychiatry. 2007 Dec;48(12):1160-73.

정적인 영향을 준다는 연구들도 계속해서 보고되고 있다.[11] 친절하고 자비로운 학습 환경은 학업 성취도와 신체적 건강에 있어서 매우 중요한 역할을 할 것이다.

알아차림

알아차림이란 1인칭 시점에서 자신의 생각, 느낌, 감정 등을 세밀하게 이해하는 것이다. 알아차림은 자신의 내면세계, 타인의 존재와 욕구, 자신과 자신의 삶이 속해 있는 시스템의 상호의존성 등과 같이 자신의 내부와 외부에서 일어나는 현상을 매우 세밀하게 인식하는 능력을 말한다. 알아차림을 기르기 위해서는 정교한 집중력 훈련이 필요한데, SEE Learning에서는 이 집중력을 기를 수 있는 하나의 기술이라고 보고 있다. 학생들은 자신의 내면 상태, 타인의 존재, 그리고 시스템에 주의를 기울이는 법을 배우면서 골먼이 말한 "내면의 집중, 타인에의 집중, 외부에의 집중" 능력을 발달시킬 수 있을 것이다.[12]

실천

욕구나 기회를 알아차리고, 돌봄과 염려의 마음을 가지고 있다 할지라도, 아직은 능숙하게 행동하고 실제적으로 참여하는 능력이 부족하다. 이것이 바로 실천이 SEE Learning의 세 번째 차원으로 존재하는 이유다. 실천은 우리가 알아차림과 자비의 차원에서 배운 것을 실제 행동으로 옮기는 것을 의미한다. 이 실천의 차원에서는 구체적인 행동을 배우고 개인적, 사회적, 공동체적 행복에 도움이 되는 태도와 성향, 그리고 기술을 내면화해 능숙하게 행동하는 법을 익힌다. 실천의 차원은 개인적 영역에서는 자기 조절 능력으로, 그리고

---

11 Miller, J. G., Kahle, S., Lopez, M., & Hastings, P. D. (2015). Compassionate love buffers stress−reactive mothers from fight−or−flight parenting. Developmental psychology. 51(1), 36. Keltner, Dacher. "Darwin's Touch: Survival of the Kindest." *Psychology Today*, February 11, 2009. Albers, E. M., Marianne Riksen-Walraven, J., Sweep, F. C., & Weerth, C. D. (2008). Maternal behavior predicts infant cortisol recovery from a mild everyday stressor. Journal of Child Psychology and Psychiatry. 49(1), 97−103.

12 Daniel Goleman and Peter Senge, *The Triple Focus.*

SEE Learning 교육과정 모형

사회관계 영역에서는 사회적 기술의 함양과 타인과 관계 맺는 능력으로 연결된다. 마지막으로 시스템 영역에서는 국제 시민으로서 보다 큰 시스템에 대해 알아차리고 그 시스템 안에서 양심적이고 자비롭게 행동하는 능력으로 확장된다.

세 가지 영역

자비를 SEE Learning의 근간에 두면서, 학생들이 신체적 행동과 언어적 행동에 좀 더 깨어 있고, 자신과 타인에게 해로움을 가져오는 행동을 취하지 않도록 만드는 토대가 마련되었다. 이것은 SEE Learning의 첫 번째 영역과 연결된다. 첫 번째 영역은 자기 자신에 대한 돌봄에 집중하는 개인적 영역이다. 두 번째 영역인 사회관계 영역은 자신에서 더 나아가 타인에 대해 알아차리는 것으로, 타인에 대한 공감과 자비를 갖고 그들과 효과적으로 관계 맺는 대인관계 기술을 개발한다. 마지막 영역인 시스템 영역은 알아차림을 좀 더 넓은 지역사회로, 더 크게는 전 세계로 확장해 이에 대한 인성을 개발하고, 결과적으로 사회에 실제적으로 참여하는 국제 시민과 책임감 있는 의사결정자를 양성한다.

개인적 영역

SEE Learning의 목적은 학생 개개인이 자기 자신, 그리고 가족들과 잘 지내도록 돕고, 국제 시민으로서 자신과 타인에게 이익이 되는 책임감 있는 의사결정을 내리도록 지원하는 것이다. 이 세개의 영역이 각각 따로 다루어지거나, 순서가 바뀌어 소개될 수도 있겠지만, 개인적 영역은 다음의 두 개 영역, 사회관계 영역과 시스템 영역을 받쳐주는 지지대가 된다. 만일 학생들이 타인을 돌보거나 세심한 윤리적 결정을 내리는 활동을 하고 싶어 한다면 반드시 자기 스스로를 돌보는 법부터 배워야 한다. 만일 타인의 요구나 지역사회의 요구—세계의 요구까지도—에 주의를 기울이는 것을 배우려고 한다면, 반드시 자신의 요구와 내면세계에 주의를 기울이는 법을 먼저 배워야 한다. SEE Learning의 '정서이해력' 개발이 바로 이 부분이며, 이때 필요한 집중력과 같은 기술도 배우게 될 것이다. 정서이해력은 다양한 측면에서 살펴볼 수 있다. 정서이해력은 감정을 인식하고 식별하는 능력과, 좀 더 넓은 맥락 속에서 욕구와 감정을 바라보는 것, 그리고 그 감정이 미치는 영향에 대해 통찰하고, 감정의 방향을 성공적으로 안내하는 것을 의미한다. 궁극적으로 정서이해력은 자신과 타인을 해칠 수 있는 충동적이고 즉각적인 행동을 자제하고 침착한 마음으로 자신이 취할 수 있는 최선의 방법을 생각해 행동하도록 한다. 이러한 이유 때문에 학생들의 행복을 위해서는 정서이해력을 키우는 것이 중요하다고 볼 수 있다.

사회관계 영역

정서이해력과 자기조절능력은 논의할 여지없이 우리가 공부할 때나 삶을 살아갈 때 필수적으로 사용하는 굉장히 유용한 기술들이다. 그러나 인간은 사회적 본성을 가지고 있기 때문에 다른 사람과 잘 어울리는 능력도 이들 못지않게 필요하다. 과거에는 이러한 능력을 기질이나 변하지 않는 특성으로 보았지만, 현대의 많은 과학적 연구들은 친사회적 특성이 학습과 반성적 활동, 그리고 계획적인 훈련에 의해 길러질 수 있음을 보여준다. 친사회적 능력이 길러지면 우리의 몸과 뇌, 그리고 행동에는 긍정적인 변화가 일어나고, 이는 우리의 신체적, 정신적, 사회적 건강을 증진시킨다. 계속 등장하는 과학적 연구들은 학생의 행복을 위한 교육은 자기 조절 능력뿐 아니라 사회적 번영과 행복을 추구할 수 있는 본질적 기술들도 가르쳐야 한다고 말한다. 여기서 '사회관계'라는 것은 사람과 사람 사이에 일어나는 직접적인 상호작용을 의미한다.

시스템 영역

우리의 상호작용은 단순히 일대일로만 일어나지는 않는다. 우리가 사는 세상은 계속 복잡해져 가기 때문에 구체적인 인성적 실천이라는 궁극적 목적을 달성하기 위해서는 자비만으로는 부족하다. 따라서 우리가 살고 있는 더 큰 사회구조적 시스템에 대한 이해를 바탕으로 하는 책임감 있는 의사결정이 추가되어야 한다. 다양한 관점에서 상황을 판단하고 행동하는 방법을 모르거나 어떤 행동을 취해야 할지, 그리고 어떤 결과가 예상되는지 잘 판단하지 못하면, 친절에 의한 행위도 부정적인 결과나 의도치 않은 결과를 초래할 수 있다. 학생들이 성장하고 있는 세계는 더욱 복잡하고 넓게 확장되어 긴밀하게 연결되어 가고 있다. 우리와 미래 세대가 마주하는 과제들은 사실 광범위하게 펼쳐져 있으며, 이에 대

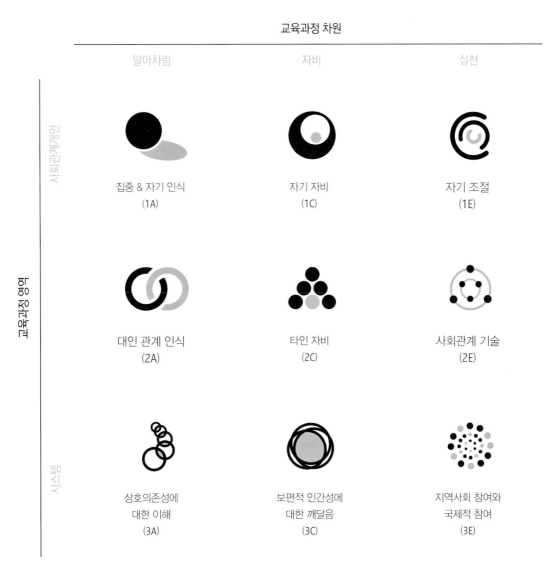

교육과정 차원

| 알아차림 | 자비 | 실천 |

사회관계개인

집중 & 자기 인식
(1A)

자기 자비
(1C)

자기 조절
(1E)

대인 관계 인식
(2A)

타인 자비
(2C)

사회관계 기술
(2E)

시스템

상호의존성에
대한 이해
(3A)

보편적 인간성에
대한 깨달음
(3C)

지역사회 참여와
국제적 참여
(3E)

교육과정 영역

그림 2 교육과정의 9가지 구성 요소.
SEE Learning의 세 가지 차원과 세 가지 영역은 모형 안에서 9가지의 구성 요소(핵심 역량)로 제시된다.

한 해결방안은 새로운 사고방식으로의 접근과 협력적이고 학제적이며 시스템적인 접근을 필요로 하고 있다.

시스템적 사고는 우리에게 현대 사회에 알맞은 새롭고 중요한 문제해결 방식을 알려준다. 복잡한 상황을 하나의 문제로 축소하고 그 하나의 문제에 대해서만 단순하게 해결책을 찾으려는 것은 비효과적이거나 한시적 효과만 도출할 뿐이다. 시스템적 사고는 지금 현재 직면한 문제를 해결하는 것뿐 아니라 미래에 발생 가능한 문제까지도 해결하도록 돕는다. 따라서, 이 교육과정에서는 문제를 일으킨 원인과 조건을 맥락 속에서 이해하고 시스템 자체의 구성요소와 운영 과정을 조사하는 과정을 통해 시스템을 탐구하게 된다. 이 접근법에 대한 소개와 다양한 연령대의 학생들에게 이 접근법을 탐구하도록 하는 방법에 대해서는 시스템과 시스템적 사고에 관해 다룬 다음 장에서 자세히 설명할 것이다.

지금까지 설명한 세 가지 차원과 세 개의 영역은 그림 2와 같이 모형으로 그려볼 수 있다. 각각의 차원이 각각의 영역 안에서 탐구되기 때문에 9개의 구성 요소를 만들어 낸다. 이해를 돕기 위해 각각의 구성 요소에도 이름을 붙였다.

어떤 주제들은 다른 요소를 기반으로 세워졌거나 영향을 받는 경우가 있기 때문에 어떤 면에서는 순서대로 접근해 가르치는 것이 합리적으로 보일 것이다. 예를 들어 정서이해력과 같은 개인적 영역의 발달은 사회관계 영역과 시스템 영역으로 나아갈 수 있는 토대를 마련해 줄 것이다. 왜냐하면, 자신의 감정에 대한 이해는 다른 사람과 더 넓은 시스템에도 적용될 수 있기 때문이다. 이와 비슷하게, 알아차림의 차원에서 얻어진 능력은 자비와 실천의 차원으로 이어져 계속 사용되고 확장될 것이다. 그러나 이 교육과정의 목적은 이 아홉 가지 구성 요소를 모두 개발하는 것이고, 이 구성 요소들은 매우 밀접하게 연관되어 있기 때문에 반드시 이런 순서를 따라야 하는 것은 아니다.

3장

교수학습 모형

이해의 세 단계

    SEE Learning은 학생들이 *세 단계의 이해*를 통해 각각의 기본 역량을 성취할 수 있도록 교수학습 모형을 제시한다(그림 3). 성격 강점과 덕목을 개발하는 것은 단순하게 지식을

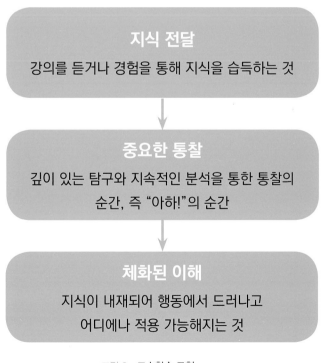

지식 전달

강의를 듣거나 경험을 통해 지식을 습득하는 것

중요한 통찰

깊이 있는 탐구와 지속적인 분석을 통한 통찰의 순간, 즉 "아하!"의 순간

체화된 이해

지식이 내재되어 행동에서 드러나고 어디에나 적용 가능해지는 것

그림 3   교수학습 모형

습득하는 것이 아니기 때문에 지식을 습득한 후 통찰을 통해 깊이 있게 내면화하는 과정이 필요하다. 이해의 첫 번째 단계는 *지식 전달*이다. 학생들은 지식 전달 단계에서 강의를 듣고, 자료를 읽고, 토론하고, 탐구하고, 경험하는 과정을 통해 학습한다. 이 단계는 역량과 관련된 기본적인 정보와 경험을 제공하며, 각각의 역량에 대해 풍부하게 이해할 수 있도록 돕는다.

이 수준의 지식은 중요하기는 하지만 지식을 아직 자기 것으로 만들지는 못하기 때문에 이 단계만으로는 충분하지 않다. 따라서 학생들에게 비판적 사고를 사용해 주제를 깊이 있게 탐구하고, 다양한 접근법들을 적용해보며, 자신의 경험에 대입해보도록 격려해 중요한 통찰의 단계로 나아가도록 해야 한다. 이것은 '아하!의 순간'이라고도 하는데, 습득한 지식을 자신의 존재와 삶으로 연결하면서 얻는 통찰의 순간을 의미한다. 이 단계에서 지식은 단순히 전달되는 것이 아니라 세계에 대한 새로운 관점을 형성한다. 이때 비로소 지식이 자기 것이 된다. SEE Learning 교육과정에서 제공하는 교육 프로그램은 '통찰 활동'의 시간을 가지는데, 이를 통해 학생들은 새로운 생각과 관점을 계속해서 만들어 갈 수 있다.

이러한 새로운 생각과 관점들이 처음 생겼을 때에는 안정적으로 보이지 않는다. 이러한 생각과 관점들이 공고해지고 성격 강점과 인성적 특성으로 변화되기 위해서는 반복적으로 제시해 친숙하게 만드는 시간이 필요하다. 이때 통찰을 강화하기 위해서 교육과정에서 제시하는 반성적 활동을 하는 것이 도움이 된다. 이 활동을 통해 학생들은 점차적으로 *체화된 이해*의 수준으로 나아갈 것이다. 비판적 사고는 세 가지 이해의 각 단계마다 지식의 습득을 촉진한다.

이 교수학습 모형은 교수가 일방적으로 수업을 전달하는 것이 아니라 학생 스스로가 탐구하는 것이 중요하다는 뜻을 함축하고 있다. SEE Learning에서 교사는 교수자보다는 촉진자의 역할을 많이 하게 된다. 학생들은 스스로 생각하고 질문하고 탐구한다. 이것이 각각의 이해 단계를 통과해 나갈 수 있는 단 하나의 방법이다.

이해의 세 단계에서 지식과 기술을 습득하고 체화하는 것을 촉진하기 위해 SEE Learning은 학습을 위한 네 가지 주요 수업 실타래(그림 4)를 제시한다. 이 주요 수업 실타래들은 기본적으로 SEE Learning의 다양한 주제와 기술들을 탐구하고 비판적으로 평가하며 내면화하도록 돕는 것으로 교수학습 방법의 구성요소들이라 하겠다. 이들을 실타래라이름 붙인 이유는 이 요소들이 SEE Learning 교육과정 안에서 명백히 드러나고, 전체 프로그램 안에서 촘촘하게 엮여 연결되면서 지식과 이해가 잘 발달되고 깊어질 수 있도록 기초를 튼튼하게 만들어 주기 때문이다.

그림 4 주요 수업 실타래

첫 번째 수업 실타래는 *비판적 사고*로 SEE Learning의 단계마다 필수적인 역할을 수행한다. 비판적 사고는 주제와 경험을 SEE Learning의 전체 맥락 안에서 좀 더 깊고 면밀하게 이해하도록 돕기 위해 논리적 추론, 다양한 관점, 대화, 토론 등 다양한 활동을 사용해 조사하고 탐구하는 방법이다. SEE Learning에서 비판적 사고가 필수적인 이유는 이 프로그램에서 개발되는 정서이해력과 윤리이해력이 외부에서 억지로 주입하거나 높은 사람이 억지로 시킬 수 없는 것이며, 현실 세계 안에서 학생 개개인이 직접 경험하면서 만든 자신의 생각 위에 견고하게 세우고 발달시켜야만 하는 것이기 때문이다. 따라서 이 교육 프로그램에서는 학생들에게 계속해서 설득력 있게 주장하고 꼼꼼하게 찾아보고 생각하는 것이 무엇인지를 탐구하도록 하고, 정답을 찾는 것이 아니라 적절하게 질문을 하도록 격려할 것이다. 비판적 사고는 '지적 겸손'도 길러준다. 지적 겸손은 생각의 문을 열어 자신이 틀릴 수도 있다는 것을 받아들이고, 자신의 지식이 부분적이거나 제한될 수 있기 때문에 다른 정보나 생각들을 수용하며, 자신의 관점이 시간이 지남에 따라 발전되거나 바뀔 수도 있다고 인정하는 것을 의미한다. 대화나 토론, 논쟁을 하다 보면 즉각적인 정서적 반응이 일어나 자신의 생각이나 관점에 집착하게 되고 이로 인해 새로운 학습이 일어날 가능성을 놓치는 경우가 생기는데, 지적 겸손은 이런 일이 일어나지 않도록 예방한다.

두 번째 주요 수업 실타래는 *반성적 활동*이다. 반성적 활동은 지속적이고 체계적인 방법으로 자신의 내적 경험에 주의를 기울이는 시간으로, 이를 통해 수업에서 배운 내용과 실질적인 기술들을 자기 것으로 만들고 내면화하게 된다. 학생들은 '1인칭' 시점으로 진행되는 이 활동에서 집중, 관찰, 반성적 검토 등을 통해 주어진 학습 내용을 직접 경험하게 될 것이다. 따라서 신체 감각에 주의 기울이기, 호흡에 집중하기, 생각과 감정이 일어나는 순간 알아차리기, 특정 생각이나 감정이 우리의 몸과 마음에 가져오는 영향 알아차리기 등의 활동을 하게 된다. 주의를 기울이는 것은 반성적 사고의 두 번째 범주인 분석과 비판적 사고가 일어나도록 돕는다. 이 두 번째 범주에 속하는 활동은 집중력을 유지하면서 특정 주제에 대해 생각하기, 그리고 그 주제를 다양한 관점으로 조사하기 등을 포함한다. 반성적 활동은 전달된 지식을 더욱 풍부하게 발달시키고 중요한 통찰의 수준과 궁극적으로는 체화된 이해의 수준으로 깊이 들어가게 하는 주요 수단이다. 이 반성적 시간을 비종교적인 명상 활동으로 생각해 편안하게 느끼는 학교도 있을 것이고, 명상과 종교의 관계에 대해 깊이 고민하면서 반성적 활동을 하지 않으려는 학교도 있을 수 있다. 만일 명상이 종교적으로 느껴진다면, 반성적 활동을 뇌과학과 뇌발달에 대한 최신 연구에 근거해 만든 인지 학습으로 생각하고 집중력을 기르는 시간으로 접근할 수 있을 것이다.

세 번째 주요 수업 실타래는 *과학적 관점*이다. SEE Learning은 정서이해력을 키우는 것을 통해 인성적 발달을 도모하기 때문에 교사와 학생이 프로그램에서 제공하는 정서와 다른 주제들에 대한 과학적 이해를 점차적으로 발달시키는 것이 매우 중요하다. 이러한 맥락에서 과학적 관점은 우리 자신과 우리가 살고 있는 세계에 대한 일반적인 과학적 사실들을 바탕으로 정보를 습득하고 결정하는 탐구 방법이라 할 수 있다. 특히 생물학, 심리학, 뇌과학의 영역에 있는 주제들은 SEE Learning에서 제시할 수 있는 과학적 내용들이다. 그렇다고 교사가 이러한 영역에 대해 전문가가 될 필요는 없다. 필요한 내용은 이미 교육 프로그램 안에 모두 제시되어 있다. 프로그램에서 다루고 있는 주제와 접근법들에 대한 과학적 정보를 교사와 학생이 이해하게 되면 프로그램의 내용은 훨씬 더 잘 수용되고, 학습 동기는 더욱 높아질 것이다. 과학은 상식이나 일반적 경험과 같이 어느 문화나 종교에도 치우치지 않는 윤리에 대한 보편적 접근방법을 제공한다. 과학이 실증적인 관찰에 근거하고 있고, 원인과 결과에 대해 검증하며, 이론화 작업에 기초하므로 비판적 사고는 과학적 관점 실타래에 있어서도 매우 중요한 역할을 한다. 또한, 반성적 활동 실타래가 1인칭적 경험이라면, 이 활동은 3인칭 시점에서 접근하기 때문에 SEE Learning의 주제에 대해 좀 더 포괄적이고 통합적으로 이해하도록 도울 것이다.

마지막 네 번째 수업 실타래는 *참여형 수업*이다. 참여형 수업은 학생이 적극적으로 참여하고 체화하는 수업 전략이자 방법으로 가만히 앉아 주어진 교재를 수동적으로만 받는 수업과는 반대되는 수업 형태다. 참여형 수업은 협동학습(팀활동, 학생 주도적 토론, 협력적 게임), 창의적 표현(미술, 음악, 글, 공연), 지역사회 참여 프로젝트(봉사활동), 그리고 생태 학습(자연환경에 직접 참여하는 것)을 포함한다. 참여형 수업은 다른 수업 실타래를 보완하는 성격을 가지고 있으며, 학생들이 개념적으로만 알고 있는 것들을 실제로 적용해 느껴보고 직접적이고 실용적인 방법으로 경험하고 탐구하면서 수업 내용을 체화하도록 돕는다. 다른 수업 실타래와 마찬가지로 참여형 수업은 이해의 세 단계인 지식 전달, 중요한 통찰, 체화된 이해 과정을 잘 통과해 나갈 수 있도록 돕는다.

SEE Learning의 목표

SEE Learning의 세 가지 차원은 각각의 목표를 가진다(그림 5). 이 목표는 본질적으로 큰 뜻을 이루기 위해 성취하고자 하는 것이지 이것을 기준으로 학생을 평가하고자 하는 것은 아니다. 대신 이 목표를 통해 우리가 어디로 향해야 하는지 나아갈 방향을 보게 될 것이다. SEE Learning은 핵심 역량을 지속적으로 키우고 강화시키는 성장 모형이다.

목표
알아차림 1인칭 시점으로 자신의 생각과 느낌에 대한 집중과 알아차림, 타인의 존재와 그들의 정신적 삶에 대한 알아차림, 우리의 삶이 펼쳐지고 있는 시스템 안에서의 상호의존성에 대한 알아차림을 경험한다.
자비 자기 돌봄과 정서적 돌봄을 도모하는 기술을 터득한다. 또한, 타인을 위한 공감과 용기 있는 자비를 기르며, 이 세상 모든 사람이 함께 가지고 있는 보편적 인간성에 대해 지속적으로 인식한다.
실천 자기 조절 능력을 개발하고, 자신과 타인을 위한 행동과 그렇지 않은 행동을 명확히 구분하며, 따뜻하고 건설적인 방법으로 타인과 관계 맺고, 나아가 지역사회와 지구 전체에 실제적이고 효과적인 방법으로 참여한다.

그림 5 SEE Learning 교육과정 목표

강화되는 역량

SEE Learning의 '강화되는 역량'은 프로그램이 진행되면서 학생들이 점차적으로 개발하게 되는 요소를 구체적으로 명시한다는 점에서 고차적 학습 성취 방법과 비슷하다고 할 수 있다. 그러나 이들은 연령과 학년별로 일어나는 특정한 학습 성과와는 구별된다. 왜냐하면 이 프로그램에서 역량은 학생들이 교육적 경험을 하거나 삶을 살아가면서 언제든 계속 돌아오고, 성찰해보고, 더 깊이 체화할 수 있는 지식과 기술이기 때문이다(그림 6). 강화되는 역량은 앞으로 모형 안의 구성 요소로서 설명될 것이며, 여기서는 참고로 목록만 제시하도록 하겠다.

교육자들은 SEE Learning의 각 구성 요소별로 전달된 지식, 중요한 통찰, 체화된 이해의 세 단계를 거치면서 학습을 촉진시킬 것이다. 이해를 심화시키는 자료를 제공하는 것은 학생들이 중요한 통찰을 얻는데 도움을 줄 것이며, 반복적인 연습은 깊어진 지식과 통찰을 더욱 강화시켜 줄 것이다. 강화되는 역량이 구체적으로 명시되어 있긴 하지만, SEE Learning은 본질적으로 유연하게 설계되었다. SEE Learning 교육과정은 특정 차원의 목표를 성취하기 위한 기술과 덕목을 개발하도록 만들어져 있긴 하지만, 세 가지 차원에 있는 역량들이 모두 서로를 강화시켜주는 역할을 한다는 점을 알아둘 필요가 있다. 따라서 교사는 하나의 차원 내에서 다루는 주제가 다른 두 영역의 주제들과 연관된다고 생각하면 함께 가르칠 수 있다. SEE Learning이 가지는 장점 중 하나는 세 가지 차원에서 각각 핵심적인 능력을 키우는 구체적인 전략들을 제공한다는 것이며, 결과적으로 이들이 다른 차원의 기술을 더 견고하게 발달하도록 도와준다는 점이다.

그림 6 강화되는 역량

구성 요소 : 집중과 자기 인식

1 몸과 감각에 주의 기울이기

몸 안의 감각을 알아차리고 묘사하기, 그리고 어떻게 감각이 스트레스나 행복과 연관되는지 이해하기

2 감정에 주의 기울이기

일어나는 감정에 주의를 기울이고, 감정의 유형과 강도를 구분하기

3 마음 지도

자신의 경험, 그리고 기존 감정 모형과 연관 지어 감정을 범주화하기

구성 요소 : 자기 자비

1 맥락 안에서 감정 이해하기

우리가 가지고 있는 욕구, 인식, 태도 및 상황의 맥락 안에서 감정이 어떻게 일어나는지를 이해하기

2 자기 수용

스스로에 대한 판단은 줄이고 감정이 일어났던 맥락을 이해하면서 자기 자신과 자신의 감정 받아들이기

구성 요소 : 자기 조절

1 신체의 안정

스트레스를 받을 때 삶의 질을 높이기 위해 신체와 신경계를 조절하기

2 인지 및 충동 조절하기

마음이 산란해지지 않도록 하고, 선택한 대상, 과제 또는 경험에 주의를 기울여 계속 유지하기

3 감정 안내하기

감정과 충동에 건설적으로 반응하고 장기적인 행복을 가져오는 행동과 태도 기르기

구성 요소 : 대인 관계 인식

1 현실의 사회적 관계에 주의 기울이기

우리에게 내재된 사회적 본성을 인식하고 다른 사람들의 존재와 그들이 우리 삶에서 하는 역할에 주의 기울이기

2 다른 사람들과 함께하고 있는 현실에 주의 기울이기

행복을 원하고 어려움은 피하려 하며, 감정과 몸의 상태를 가지고 있고, 공통적인 경험을 하는 등 근본적으로 다른 사람들과 함께하고 있다는 사실 이해하기

3 다양성과 차이 존중하기

우리가 함께 살고 있는 현실에 존재하는 개인과 집단의 다양성, 독특함, 다름을 알고 이러한 다름을 존중하면서 수용하는 방법에 대해 배우기

구성 요소 : 타인 자비

1 **맥락 안에서 타인의 감정과 느낌 이해하기**
타인의 감정과 반응을 그것이 일어나는 상황과 관련지어 이해하고, 다른 사람들도 자신과 같이 어떤 욕구가 있어 감정이 일어난다는 것을 이해하기

2 **친절과 자비에 대해 이해하고 기르기**
친절과 자비가 가져오는 유익함을 알고, 하나의 성격적 특성으로 기르기

3 **다양한 인성적 특성을 이해하고 기르기**
다양한 인성적 특성과 용서, 인내, 만족, 관대함, 겸손과 같은 친사회적 정서를 중요하게 생각하고 기르기

구성 요소 : 사회관계 기술

1 **공감적 경청**
다른 사람들과 그들의 욕구를 잘 이해하기 위해 주의 깊게 듣기

2 **성숙한 의사소통**
자신과 다른 사람들에게 힘을 주도록 자비롭게 대화하기

3 **도움 주기**
다른 사람들이 도움을 필요로 할 때 자신의 능력에 맞춰 도와주기

4 **갈등 전환**
갈등에 건설적으로 반응하고 협력, 화해, 평화적인 관계 형성하기

구성 요소 : 상호의존성에 대한 이해

1 **상호의존적 체계에 대한 이해**
세계의 상호 연결성과 시스템적 사고방식 이해하기

2 **총체적 맥락 속에서의 우리**
모든 사람들이 시스템 속에 존재하는 방식과 시스템에 영향을 주고받는 방식 이해하기

구성 요소 : 보편적 인간성에 대한 깨달음

1 **모든 사람의 본질적 평등에 대해 이해하기**
가장 기본적인 평등과 보편적 인간성에 대한 깨달음을 자신이 속한 공동체로 확장하고, 궁극적으로 전 세계에 적용하기

2 **시스템이 행복에 미치는 영향 이해하기**
긍정적 가치를 높이거나 문제적 신념과 불평등을 영속시키는 것과 같이 시스템이 문화적 · 구조적 수준에서 행복을 증진시키거나 손상시키는 방법 인식하기

구성 요소 : 지역사회 참여와 국제적 참여

1 **지역 사회와 국제사회에 긍정적 변화를 일으킬 수 있는 잠재력 탐구하기**
개인적으로 또는 협력적으로 긍정적인 변화를 도모할 수 있는 능력이 자신에게 있음을 인식하기

2 **지역사회와 세계가 가진 문제 해결에 참여하기**
지역사회 또는 세계에 영향을 미치고 있는 문제에 대해 창의적이고 협력적인 해결책을 탐구하고 고민하기

4장

개인적 영역

세 가지 영역 중 첫 번째인 개인적 영역은, 개인으로서 갖는 학생 자신의 내면세계를 의미한다.[13] 이 영역 안에서는 SEE Learning의 세 가지 차원인 *집중과 자기 인식, 자기 자비, 그리고 자기 조절*이 학습된다. 자세히 설명하기 전에 간략히 살펴보면, *집중과 자기 인식*은 자신의 정신적, 신체적 상태를 알아차리고, 정신적, 신체적 상태가 스트레스와 행복감, 감정 등과 연관되어 있다는 것을 계속해서 알아차리도록 주의를 기울이는 것을 말한다. 이 영역에서는 자신의 몸과 마음에 주의를 기울여 내부에서 일어나는 일을 알아차리는 1인칭, 즉 '주관적' 차원의 학습 이외에도 3인칭, 즉 객관적인 시각으로 바라보는 감정에 대해서도 배운다. 특히 감정의 유형과 특성에 대해 배우는데, 이러한 활동을 통해 학생들은 '마음 지도map of the mind'를 개발하게 된다. 감정과 신체의 변화를 인식하는 1인칭적 기술이 이 마음 지도와 결합될 때, 정서이해력을 위한 기본적 토대가 마련될 것이다.

이를 바탕으로 다음 구성 요소인 자기 자비는 더 큰 맥락 안에서 감정을 이해하는 법을 알려준다. 여기서는 감정을 어디에서 오는지 알 수 없는 미지의 대상으로 보는 것이 아니라 원인이 분명하게 있고 이 원인 중 상당 부분은 내면의 욕구 때문이라는 사실을 탐구한다. 자신의 태도, 관점, 욕구가 어떻게 정서적 반응을 유도하는지를 배우면, 학생들은 좀

---

13 이는 설명을 명료하게 하기 위해 경험적인 설명을 명확하게 하기 위해 경험적으로 분류한 것으로, 학생들의 개인적인 정체성이 사회관계영역이나 시스템적 영역과 분리될 수는 없다.

더 깊은 차원인 두 번째 수준의 정서이해력으로 나아가게 된다. 이는 또한 더 큰 자기 수용을 가져올 수 있다. 감정이 외부 요인뿐 아니라 내면적 욕구 때문에 생긴다는 것을 이해하면서 자신에 대해 더 현실적인 태도를 갖게 되고, 감정과 관련된 자아비판을 줄이며, 자기 비난과 자신에 대한 판단도 완화시키게 되는 것이다. 이는 자기가치감을 발달시키고, 자신의 가치와 장점들을 이해하도록 돕는다. 자기 자비에 속한 두 가지 주제는 '맥락 안에서 감정 이해하기'와 '자기 수용'이다.

집중과 자기 인식

　　개인적 영역의 목표는 학생들이 자신의 몸과 마음에 대한 직접적인, 1인칭 시점의 알아차림을 3인칭 시점에서 제공되는 몸과 마음에 관한 정보와 통합할 수 있도록 돕는 것이다. 이것이 정서이해력을 향한 첫걸음이라 할 수 있다. 다시 말해, 학생들은 자신의 몸과 마음에 주의를 기울여 분노와 같은 감정을 직접적으로 인식하는 동시에 감정으로 분류되는 분노가 무엇인지에 대해서도 개념적으로 이해하게 된다. 이러한 두 가지 유형의 앎(직접적인 1인칭 시점의 관찰과 외부로부터 주어진 3인칭 시점의 지식)이 결합되면, 점점 더 강력한 자신에 대한 알아차림, 즉 자기 인식을 할 수 있다. 이 두 가지 유형의 앎은 주관적이면서도 객관적이라고 할 수 있는데, 그 이유는 전자는 직접적인 지각과 경험을 통해 내면에서 일어나고, 후자는 외적인 것에서 간접적으로 학습되기 때문이다. (여기서 사용된 '주관적'이라는 단어는 개인적인 경험을 의미하는 것이지 의견이나 취향의 문제만을 의미하는 것은 아니다.) 따라서 주관적인 시각이 자신의 몸과 마음 안에서 일어나는 행복이나 분노, 아니면 흥분을 알아차리는 것이라면, 객관적인 시각은 감정과 정신 상태에 대한 일반적 정보(예: 과학적 모형)를 배우는 것이라 하겠다.

　　이 구성 요소의 세 가지 주제는 *몸과 감각에 주의 기울이기, 감정에 주의 기울이기,* 그리고 *마음 지도*이다. 각각은 강화되는 역량으로 이야기 되며(그림 6) 이들은 통합적으로 학습될 때뿐 아니라 각각의 요소로서도 유용하게 도움을 줄 수 있다. 처음 두 개의 주제는 몸

교육과정 영역: 개인	구성 요소: 집중 & 자기 인식
교육과정 차원: 알아차림	

집중 & 자기 인식

강화되는 역량

1. **몸과 감각에 주의 기울이기**
   몸 안의 감각을 알아차리고 묘사하기, 그리고 어떻게 감각이 스트레스나 행복과 연관되는지 이해하기

2. **감정에 주의 기울이기**
   일어나는 감정에 주의를 기울이고, 감정의 유형과 강도를 구분하기

3. **마음 지도**
   자신의 경험, 그리고 기존 감정 모형과 연관지어 감정을 범주화하기

과 마음에 대한 개인적이고 직접적인 알아차림을 기르기 위한 것이며, 세 번째 주제는 마음과 감정에 대한 일반적인 지식을 쌓기 위한 것이다.

　　*몸과 감각에 주의 기울이기*부터 설명하면, 이 주제는 몸 안에서 일어나는 감각에 주의를 기울이는 것을 의미한다. 우리 몸에 주의를 기울이면 신경계 상태에 대해 계속해서 정보를 받을 수 있다. 특히 감정적인 상태가 심박수, 근육의 긴장과 이완, 따뜻하고 차가운 느낌, 팽창 또는 수축의 느낌 등 신체의 변화와 함께 일어나는 것을 알 수 있다. 신경계는 감지된 위협이나 안전에 매우 빠르게 반응하는데, 이는 의식이라고 부르는 상위 차원의 인지와 집행 기능을 무시하고 빠르게 일어나는 것처럼 보인다. 따라서 몸에서 일어나는 일을 알아차리면 경험의 정신적 측면에만 집중할 때보다 더 빠르게 스스로의 정서 상태를 알아차리게 된다. 신체 내부에서 발생하는 현상은 감각 수준에서 일어나고 특별히 주의를 기울이지 않으면 의식적으로 잘 파악되지 않기 때문에 감각에 주의를 기울이는 법을 연습할

필요가 있다.

몸의 감각에 주의를 기울이는 활동은 '감각에 대한 마음챙김mindfulness', '따라가기 Tracking' 그리고 '신경계 읽기' 등 다양한 이름으로 진행될 것이다. SEE Learning에서 따라가기는 정서이해력을 발달시키는 데 도움을 줄 뿐만 아니라, 그 자체만으로도 유용한 것으로 보여진다. 예를 들어, 트라우마는 신경계에 영향을 주기 때문에 트라우마로 고통 받는 사람들에게 개입할 때에는 따라가기가 사용된다. 모든 아동은 무섭거나 위협을 느끼는 경험을 한다. 따라서 몸과 감각에 주의를 기울이는 활동을 하기 위해서 모든 학생이 심각한 수준의 '빅 TBig T' 트라우마(일부 학생은 경험하고 있을 수 있지만)를 겪고 있을 필요는 없다. 그러나 전문가들은 신체 감각을 알아차리고 집중하는 것만으로도 과거의 트라우마를 다시 떠올릴 수 있기 때문에 따라가기를 할 때에는 '접촉하기'나 '자원 활용하기' 등과 같은 다른 기술들을 함께 사용할 것을 권장한다.[14] 이들은 자기조절 부분에서 자세히 설명할 것이다. 이러한 기술을 함께 활용하면 학생들은 처음부터 안전한 회복탄력영역(행복 영역)으로 돌아가 몸과 마음을 편안하게 할 수 있다. 이렇게 안전한 상황을 만들었다 해도, 교사와 진행자는 학생 개개인이 경험하는 과정을 주의 깊게 살펴야 하며, 필요에 따라 추가적인 도움을 주어야 할 것이다.

학생들은 몸 안의 감각을 알아차리면서 신경계에 주의를 기울이는 것을 배우고, 이를 통해 점차적으로 스트레스의 신호나 행복감의 신호를 감지하게 된다. 연습을 통해 길러진 감각에 대한 알아차림은 몸이 건강한 상태-트라우마 전문가 일레인 밀러-캐러스Elaine Miller-Karas가 '회복탄력영역' 또는 '웰빙 영역'이라고 부르는-에 있을 때 이를 알아차릴 수 있도록 도와줄 것이다.[15] 마찬가지로, 과잉각성(불안, 과도한 분노, 초조함)이나 과소각성(무기력, 우울함)으로 인해 이 영역을 벗어나게 될 때에도 좀 더 빨리 알아차리게 될 것이다. 이러한 알아차림은 신체를 안정시키는 법과 생리적으로 건강한 상태로 돌아가도록 돕는 법을 배우

---

14   Miller-Karas, Elaine. *Building resilience to trauma: The trauma and community resiliency models. Routledge, 2015.*

15   Miller-Karas, *Building resilience to trauma.*

기 위한 첫걸음이 되는데, 이를 통해 자신과 다른 사람 모두에게 최선의 결과를 가져오는 행동을 선택하도록 도울 것이다.

다음으로 강화되는 역량은 *감정에 주의 기울이기*이다. 신체에 주의를 기울여 조절하는 것을 배우면 몸이 고요해지고 안정되기 때문에 마음에 더 쉽게 집중할 수 있다. 이는 자연스럽게 감정과 느낌에 집중하도록 만든다. 또한 신체 감각이 정서적 경험의 중요한 지표가 되기 때문에 신체에 대한 알아차림이 증가하면 정서적 알아차림에 대한 민감도와 정확성도 높아진다. 정서이해력을 개발하기 위해서는 외부에서 제공되는 지식만으로는 충분하지 않다. 정서이해력은 반드시 개인적인 통찰에 의해 보완되어야만 한다. 따라서 학생들은 정서 인식, 즉 지금 이 순간에 일어나는 감정을 알아차리고 식별하는 능력을 개발해야 한다. 감정이 너무 격해지면 우리를 압도할 가능성이 커지고, 심지어는 뒤늦게 후회할 행동을 하도록 만들 수도 있다. 비록 감정이 매우 빠르게 진행되기는 하지만, 일반적으로 감정은 격렬하게 타오르기 전에 작은 불씨로부터 시작한다. 처음부터 불씨를 잡아버리면, 감정을 더 쉽게 다룰 수 있다. 그러나 불씨를 잡기 위해서는 현재 순간에 일어난 감정과 느낌을 알아차리는 능력을 먼저 개발해야 한다. 다행히도, 이러한 능력은 일정한 기간에 걸쳐 배우면 향상될 수 있다. 정서적 알아차림은 자비의 차원에서 좀 더 완전하게 길러질 수 있지만, 여기서는 감정과 느낌이 일어났을 때 그것을 단순히 집중해 알아차리고 설명할 수 있는 기초적인 형태로 길러질 것이다.

이미 언급한 바와 같이, 이 연습의 핵심은 학생들이 '1인칭' 시점에서 정서를 이해하도록 돕는 것, 즉 그들 자신의 경험에 대한 이해를 개발할 수 있도록 돕는 것이다. 이러한 이해는 외부에서 주입할 수 없는 것이기에 학생들이 감정을 알아차리고 인식하고 구별하는 과정에 적극적으로 참여하도록 실습의 장을 마련해 주어야 한다. 마음챙김mindfulness이 이 시점에 특히 도움이 될 것이다.

마지막으로 이 구성요소에서 강화되는 역량은 '마음 지도'를 개발하는 것으로 이를 통해 감정과 느낌을 알아차리는 능력이 더욱 향상된다. 마음 지도는 학생들이 마음과 정서 상태에 대해 점점 더 정교하게 개념적으로 이해하도록 돕는 것을 뜻하는 비유이다. 이 지도를 만든 궁극적인 목표는 실제 지도와 마찬가지로 학생들이 자신의 정서적 배경을 잘 탐색해 감정을 바르게 안내할 수 있도록 자료를 제공하는 것이다. 특정 감정이 자신의 몸과 사회적 관계에 미치는 영향에 대해 연령에 적합한 과학적 자료와 함께 토론하고 성찰하면서 이 지도를 만들어 나갈 수 있다. 마음 지도의 목적은 다양한 감정들의 집단과 각 집단 안의 감정들이 가지는 공통적 특징, 그리고 이러한 감정을 유발하고 촉진시키는 것들을 구별할 수 있도록 개념적 모형을 제공하는 것이다. 아주 어린 학생들의 경우 이 개념적 모형이 매우 기초적이고 입문을 위한 내용일 수 있으며, 고학년 학생들에게는 최신의 과학적 연구 자료에서 도출해 낸 내용이 제공될 수 있을 것이다.

예를 들어, 학생들은 감정을 '감정 가족'으로 그룹화함으로써 감정의 미묘한 차이와 강도, 그리고 그들이 공유하는 특성에 대해 배울 수 있다. 또한 대부분의 감정이 본질적으로 파괴적이지는 않지만 주어진 상황과 맥락에 따라 파괴적으로 변할 수 있음을 보게 될 것이다. 두려움의 경우 우리를 위험으로부터 보호하기 때문에 필요한 정서이지만, 불안의 지점에 도달하게 되면 비생산적인 감정이 된다. 감정 연구의 대가 중 한 사람인 폴 에크먼Paul Ekman이 만든 감정 지도Atlas of Emotions는 **SEE Learning**의 온라인 자료실에 참고 자료로 제공하고 있는데, 학생들의 정서이해력을 키워주는 매우 좋은 자료로 사용될 수 있다.[16]

마음 지도는 정서적 알아차림의 개발을 위한 안내자 역할을 한다. 예를 들어, 짜증이 화로 이어질 수 있는 가벼운 정서 상태이고, 이때 알아차리지 못하면 격렬한 분노가 유발될 수 있다는 사실을 배우면, 학생들은 관리하기 어려운 감정 상태가 되기 전에 더 작은 형태의 감정을 인식할 수 있다. 1인칭 시점으로 정서를 탐구하고 정서적 알아차림을 기르는 것은 마음 지도에 나타난 감정 모형들을 더 깊게 이해하도록 도울 것이며, 더 나아가 자신의

---

16 http://www.paulekman.com/atlas-of-emotions/

경험에 비춰보았을 때에도 같은 느낌인지를 검증하기 위해 사용하는 도구가 될 수도 있을 것이다. 구체적으로, 다양한 종류의 마음챙김 기법, 강한 감정을 포함해 과거의 경험 돌아보기, 그리고 자기성찰적이고 명상적인 활동들이 여기에서 사용될 수 있다.

자기 자비

개인적 영역에서 자비의 차원은 자기 자비라는 주제 아래에서 탐구된다. 툽텐 진파 Thupten Jinpa 박사는 자기 자비에 대한 오해를 파악해 무엇이 자기 자비가 아닌지를 명확히 설명했다. 그는 자기 동정, 관대한 자기만족, 또는 자신과 타인의 평가를 바탕으로 한 단순하게 높은 자존감은 자기 자비가 아니라고 명시했다.[17] SEE Learning에서 자기 자비는 진정한 자기 돌봄, 특히 자신의 내면을 돌보는 과정을 의미한다. 자기 자비의 구성 요소는 자신의 욕구를 포함해 더 넓은 맥락에서 감정을 이해하는 능력인 정서이해력의 발달에 필수적인 요소들로 이루어져 있다. 이 정서이해력의 또 다른 층으로 볼 수 있는 자기 자비는 자기 수용까지도 가능하게 하는데, 이는 감정과 연결된 내면의 욕구를 바라보면서 감정에 대해 덜 판단하게 되기 때문이다. 학생들은 감정을 더 명료하게 바라보고 감정이 맥락 속에서 일시적으로 일어나며 따라서 고정되지 않고 늘 변한다는 사실을 이해하면서 더 큰 자신감과 자기 수용을 갖게 된다. 이러한 자신감과 자기 수용은 과도한 자기비판이나 자기가치감의 상실로부터 오는 실망감을 예방하며, 감정을 안내하고 비판을 수용하며 건설적이고 탄력적인 방법으로 시련에 대처할 수 있도록 장을 마련해준다. 이 구성 요소의 두 가지 강화되는 역량은 *맥락 안에서 감정 이해하기*와 *자기 수용*이다.

*맥락 속에서 감정 이해하기*는 학생들의 가치, 요구, 기대와 연결되기 때문에 비판적인 사고를 하는 것이 크게 도움이 된다. 자기 인식을 키우면서 내면의 생각과 감정에 집중하고 감정을 구별하는 방법을 배웠지만, 여기서는 상황에 대한 정서적 반응이 외부 자극뿐 아

---

17   Jinpa, *The Fearless Heart*, 29.

교육과정 영역: 개인 **교육과정 차원:** 자비	**구성 요소:** 자기 자비

자기 자비

강화되는 역량

1   **맥락 안에서 감정 이해하기**
우리가 가지고 있는 욕구, 인식, 태도 및 상황의 맥락
안에서 감정이 어떻게 일어나는지를 이해하기

2   **자기 수용**
스스로에 대한 판단은 줄이고 감정이 일어났던 맥락
을 이해하면서 자기 자신과 자신의 감정 받아들이기

니라 내면적 욕구에 뿌리를 둔 관점과 태도에 의해서도 일어난다는 것을 탐구하고 이해하게 될 것이다. 불안한 상태를 유발하는 상황은 불확실한 상황에서 확신을 바라는 욕구 때문에 비롯된 것일 수 있다. 화를 유발하는 사건은 존중받고 싶은 욕구 때문일지도 모른다. 그리고 절망이나 좌절은 시간과 인내가 더 필요한 상황에서 즉각적인 변화를 바라는 마음 때문인 경우도 있다. 내면의 기대와 태도가 감정을 일으키는 데 핵심적인 역할을 수행하고 있다는 사실을 바로 보는 것이 정서이해력의 중요한 부분이다. 학생들은 내적인 태도나 기대, 그리고 관점의 변화를 통해 습관적 행동과 경향성을 긍정적인 방향으로 변화시킬 수 있음을 알게 될 것이다.

이러한 통찰을 통해, 학생들은 자신의 가치를 이해하고 자기가치감과 자신감을 지속적으로 키우며, 자칫 건강하지 않은 자기비판에 빠지게 하는 비현실적인 기대를 인식하는 법을 배우면서 발전할 것이다. 그리고 정서적 반응이 욕구에 의해 발생하는 과정을 인식하면서 자신의 다양한 욕구들을 비판적으로 평가할 것이다. 이는 오랜 행복을 가져오지 않는 단기적인 욕망이 아닌, 자신의 가치는 무엇인지, 그리고 어떤 것이 그 가치를 드러나게 하는지를 생각하게 하면서 욕구와 욕망을 구별하도록 이끌 것이다.

우리의 삶 속에서 감정이 발생하는 더 넓은 맥락을 인식하는 것은 자기 자비의 *자기 수용적* 측면도 발달하도록 돕는다. 자기 수용은 사회의 분노가 점차 우리의 내면으로 옮겨오면서 매우 중요하게 대두되고 있다. 과도한 자기비판, 자기혐오, 자기 증오는 개인 자신의 건강과 행복을 파괴할 뿐 아니라, 자신이나 타인을 향한 폭력으로 변질될 경우 엄청난 피해를 야기할 수 있다. 자아 존중감을 높이는 것은 타인과의 비교를 수반하므로 최선의 해결책이 아니다. 많은 연구에서 높은 자아 존중감이 위협받게 되면 자신이나 타인을 향한 공격성이 나타난다고 보고하고 있다. 따라서 이보다는 자신의 정서적 삶에 대해 더 잘 이해하고, 완벽주의적인 이상을 내려놓으며, 자신과 타인에 대한 현실적인 기대를 가지게 함으로써 내면의 힘, 회복탄력성, 겸손, 용기 등을 함양하도록 돕는 것이 더 나은 방법이다. 자신의 정서적 삶에 대해 잘 이해하지 못하고 있는 학생은 도전과제를 만나거나 어려움이나 시련이 왔을 때 인내하고 참아내는 힘이 부족하고, 따라서 변화를 만들거나 건설적인 행동을 취할 기회조차 만들지 못할 수도 있다.

이 시대의 문화는 TV, 영화 등의 여러 매체를 통해 청년들에게 자신과 타인에 대한 비현실적인 기대를 심어 주고 있다. 따라서 이 시대의 많은 청년들은 자신을 이상적 이미지를 가진 유명인이나 연예인과 비교하거나 결점이나 한계가 없는 '슈퍼맨'이나 '원더우먼'처럼 행동해야 한다고 생각한다. 이러한 실현 불가능한 기준은 불필요한 정신적 괴로움을 낳고, 이렇게 생긴 좌절감은 우울과 자책으로 이어지며, 심지어 신체적 자해나 타인을 향한 적개심, 또는 폭력으로 번질 수도 있다.

자신의 한계에 관한 현실적인 시각은 우리를 이러한 악순환에 빠지지 않도록 잡아준다. 학생들은 인내심을 개발하고 어려움의 본질에 대해 이해하게 되면서 해로운 정신적 상태와 행동에서 벗어나 능동적으로 삶을 살아가게 될 것이다. 동시에 학업 성취도 수준이나 자신이나 다른 사람들이 임의로 설정한 기준을 충족시킬 수 있는 능력과는 별개로 자신만의 고유한 가치를 발견하게 될 것이다. 외부의 조건과는 관계 없이 독립적으로 존재하는 자기가치감은 회복탄력성을 키우는 데 강력한 지원군이 될 것이다.

SEE Learning에서는 특정 형태의 실망과 고통은 필연적이라는 것을 이해하면서 자기 수용을 개발한다. 항상 모든 것에서 최고가 되고, 늘 이기며, 모든 것을 알고 있고, 실수는 절대로 하지 않는 이런 일은 절대로 불가능하다. 사실 실망이나 도전과제, 실수들은 삶에서 늘 만날 수밖에 없는 요소들이다. 이런 현실을 인지시키는 것이 학생들의 의욕을 꺾을 수도 있겠지만, 이러한 통찰은 실제로 삶의 동기를 떨어뜨리기보다는 오히려 회복탄력성을 길러준다. 왜냐하면 학생들이 목표를 달성하기 위해서는 반드시 인내, 노력 등 시련을 극복하는 행동들을 취해야 한다는 것을 더 잘 이해하게 되기 때문이다. 상실, 취약성, 한계, 불완전함 – 심지어 노화, 질병, 죽음조차도 우리 삶의 피할 수 없는 구성 요소라는 사실을 깊이 생각하고 체화하면, 어려움이 다가올 때 훨씬 더 잘 직면할 수 있게 된다. 우리가 최선의 노력을 다하더라도 그 결과는 다양한 원인과 조건에 따라 달라지며, 그중 많은 부분은 자신이 통제할 수 없는 영역에 있다. 이 때 더 큰 맥락을 인식하는 시스템적 사고가 매우 유용한 역할을 한다. 학생들은 더욱 현실적인 시각으로 자신이 가진 능력을 좀 더 명확하게 바라보며, 목표를 달성하기 위해 최선을 다하고, 더 큰 자신감과 효능감을 가지고 세상을 마주하게 될 것이다.

자기 자비는 자신에 대한 친절을 포함하며, 이는 내적 강점, 회복탄력성, 그리고 용기의 원천이 된다. 자신을 향한 친절은 상황이 좋지 않을 때 괜찮은 척하는 것이 아니다. 오히려 자신의 현재 능력에 대해, 그리고 더 넓은 세상에 발휘할 수 있는 영향력에 대해 현실적으로 평가하는 것이다. 이런 부분에 대해서 교육을 받지 않으면 학생들은 더 이상 아무 것도 할 수 없을 때조차도 더 많이 노력해야 한다고 자신에게 채찍질을 할 수 있다. 또는, 무기력함을 느낄 수도 있고, 할 수 있는 일이 분명히 있는데도 불구하고 인식하지 못하게 될 수도 있다. 툽텐 진파 박사는 다음과 같이 설명했다. "자기 자비를 키울 때는 세상에서의 성공 여부에 따라 자신을 평가하지 않으며 다른 사람들과도 비교 하지 않는다. 대신 인내와 이해, 그리고 친절한 마음으로 자신의 부족함과 실패를 인정한다. 그리고 지금 가진 문제를 더 큰 맥락인 일반적인 삶의 조건에서 바라본다. 따라서 자기 자비는 자아 존중감과는 다르게 다른 사람들을 긍정적으로 바라보게 하고 깊게 연결시켜 준다. 마지막으로, 자기 자비는 자기 자신에게 더 솔직할 수 있게 도와준다. … (이것은) 자신이 처한 상황에 대한 현실적인 이해를 촉진한다."[18]

겸손은 자기 자신에게 정직해 지는 것으로, 자기 자비의 중요한 측면 중 하나이다. 겸손은 실제 능력보다 자신을 과소평가하는 것이 아니라 오히려 자신의 역량을 현실적이고 정직하게 평가하는 것이다. 이 때문에 학생들에게 겸손과 건설적인 자부심을 함께 심어줄 수 있다. 일반적인 믿음과 달리 연구에 의하면, 겸손함을 지니면 실패감을 느끼게 하는 비현실적인 기대를 가지지 않게 되기 때문에 성공이나 성취에 이르기 쉽고, 자기비판과 자기혐오와도 멀어지게 된다. 학생들에게 사회에서 큰 업적을 성취한 역사적으로 존경받는 인물도 한계를 가지고 있었으며, 성취 능력과 함께 겸손함도 가지고 있었다는 것을 보여줄 수 있을 것이다.

자기 조절

개인적 영역은 전체적으로 감정의 본성과 맥락을 확인하고 이를 효과적으로 안내하는 정서이해력 함양에 초점을 맞추고 있다. 복잡한 마음이나 감정을 조절하지 못하는 학생들은 깊게 뿌리박힌 습관들을 극복하지 못하고 자기조절감이나 자유로움을 느끼지 못할 수도 있다. 따라서 파괴적으로 변할 수 있는 감정을 인지하고 조절하는 도구를 습득하고 정서적 알아차림을 심화하는 것이 필요하다. 감정의 세계를 성공적으로 탐색하고 안내하려는 이유는 건강하고 행복한 삶을 살기 위한 것이므로, 정서이해력을 증진하는 것은 정서적인 돌봄을 상징한다. 신체적 돌봄을 통해서는 몸에 좋지 않은 조건들을 완화하고 건강을 증진시킬 수 있다. 이와 같이, 정서적 돌봄을 통해 정서이해력을 키우는 것은 자신의 행복에 도움이 되는 감정과 해로운 감정을 명확히 구분하도록 돕는다. 학생들은 정서이해력을 키우는 특정 도구와 기술을 사용해 감정에 끌려다니지 않으면서 성공과 행복을 위한 행동

---

18 Jinpa, *A Fearless Heart*, 31.

교육과정 영역: 개인	
교육과정 차원: 실천	구성 요소: 자기 조절

자기 조절

강화되는 역량

1 **신체의 안정**
스트레스를 받을 때 삶의 질을 높이기 위해 신체와 신경계를 조절하기

2 **인지 및 충돌 조절하기**
마음이 산란해지지 않도록 하고, 선택한 대상, 과제 또는 경험에 주의를 기울여 계속 유지하기

3 **감정 안내하기**
감정과 충동에 건설적으로 반응하고 장기적인 행복을 가져오는 행동과 태도 기르기

을 취할 수 있을 것이다.

개인적 영역에서 길러지는 역량들은 이기적이거나 인성에 반하는 행동을 하도록 만드는 것이 아니라 학생의 내면에 자연스럽게 회복탄력성을 길러주어 인성적 행동을 취할 수 있도록 토대를 마련해 준다. SEE Learning 모형의 이러한 측면을 이해하면, 사회관계 영역과 시스템 영역에도 쉽게 적용할 수 있다. 왜냐하면, 비슷한 기술과 자료들이 대인 관계적, 지역사회적, 국제적 맥락으로 확장되어 연결되기 때문이다.

앞에서 이미 살펴본 두 개의 구성 요소의 주제와 활동들은 자기 조절의 토대가 된다. 자기 조절이란 몸과 마음, 그리고 감정에 대해 얻은 통찰과 알아차림을 통합시키거나 강화시키는 행동과 활동을 말한다. 이 구성 요소의 세 가지 주제는 *신체의 안정, 인지 및 충동 조절하기, 감정 안내하기*이다. 각각의 주제는 집중과 자기 인식의 주제와 서로 연결된다*(몸*

과 감각에 주의 기울이기, 감정에 주의 기울이기, 마음 지도). 이 주제들은 연결되어 있으므로 함께 가르치는 것이 합리적으로 보일 수도 있다. 이 구성 요소의 궁극적인 목표는 학생들이 감정을 성공적으로 탐색하고 안내해 자신과 타인에게 문제를 일으키지 않도록 하는 것이다. 다시 말해서, 감정이 장애물이 아닌 협력자가 되도록 바꿔주는 것이다. 이러한 방식으로 감정을 안내하기 위해서는 인지 및 충동 조절이 필요하다. 물론, 신체가 안정되지 않고, 스트레스를 받거나, 과잉각성 혹은 과소각성 상태에 있을 때나 신경계의 부조화를 겪고 있을 때에는 조절능력을 기르는 것이 쉽지 않다. 이렇게 세 가지 주제는 논리적으로 연결된다.

인지 및 충동 조절 능력을 기르기 위해서는 먼저 신체를 안정시키는 것이 필요하다. 기본적인 수준의 신체 조절이 이루어지지 않으면 마음을 안정시키고 명확하게 보는 것이 어려워진다. 이는 다른 역량을 향상시키는 것도 어렵게 만들 수 있다. 몸과 마음의 에너지 수준이 너무 높거나 낮으면 마음의 안정성과 선명도가 떨어져 생각과 감정이 일어나는 내면의 배경을 탐색하고 안내하는 것이 어려워진다. 특히 자신이 (또는 부모가) 트라우마를 경험했거나, 바람직하지 않은 환경에 살고 있거나, 부정적인 어린 시절을 겪은 아이들에게 이점은 특히 더 중요하다. 이 아이들은 자신의 몸과 마음을 진정시키고 균형을 찾는 법을 먼저 배우지 않으면 감정에 집중하고 알아차림을 개발하는 것이 어렵게 느껴질 것이다.

SEE Learning에서 신체의 안정은 집중력을 기르거나 반성적 활동을 할 때에도 도움이 된다. SEE Learning에서 제시하는 신체를 안정시키고 신경계를 조절하는 기술은 세 가지가 있는데 자원 활용하기resourcing, 접촉하기grounding, 따라가기tracking가 그것이다(아래 참조). 이 기술들은 트라우마 치료법에서 빌려오긴 했지만, 심각한 트라우마로 고통 받고 있는지의 여부와 상관없이 모든 사람에게 적용할 수 있다.

신체의 안정은 안전한 공간에서 크게 촉진된다. 신뢰와 안전이 형성되지 않으면 학생들은 계속해서 경계심을 가지게 된다. 콜럼바인 고등학교의 총격 사건과 오클라호마 시에서 일어난 폭탄 테러와 같은 큰 사건을 겪은 아이들의 상담사이자, 두뇌 발달과 위기에 처한 아이들을 연구하는 학자인 브루스 페리Bruce D Perry는 학습 환경에 대해 다음과 같이 강조했다.

> 아이가 안전하다고 느끼면 호기심이 살아난다. 그러나 주변 환경이 낯설고 새롭게 느껴지면 친숙한 것을 찾게 된다. 아이들은 낯선 상황에 더 쉽게 압도되고 스트레스를 받으며 좌절감을 느낀다. 학습 능력 또한 감소한다. 배가 고프거나, 아프거나, 피곤하거나, 혼란스럽거나, 두려움에 찬 아이는 새로운 것에 관심을 가질 수가 없다. 이 아이들은 익숙하고 위안을 주는 안전한 것을 원한다.[19]

그는 이어서 정서적으로 안전한 교실 환경을 만들기 위해 다음과 같이 조언했다.

> 안정감은 아이의 욕구에 사랑의 마음으로 일관되고 세심하게, 그리고 민감하게 관심을 가질 때 형성된다. 안정감은 예측가능한 곳에서 만들어지며 예측가능성은 일관된 행동으로부터 나온다. 이러한 일관성은 활동 시간을 엄격하게 지키는 것에서 보여지는 것이 아니라 교사와의 꾸준한 상호 작용을 통해서 이루어진다.[20]

브루스 페리 박사는 아이가 힘들어하는 시점을 알고 일과 중에 조용히 혼자 있을 수 있는 시간을 제공해 두뇌가 새로운 정보를 취합하고 처리할 수 있도록 돕는 것이 필요하다고 설명했다. 그는 또한 어린아이들의 경우 초기 도전 과제를 아주 쉬운 것으로 선정하고 칭찬을 많이 해주면서 안정감을 키워야 한다고 설명했다. 이런 방법을 통해 모든 학생들은 각자가 느끼는 두려움을 완화하고 성공을 경험할 수 있을 것이다.

---

19 Perry, Bruce D., Creating an emotionally safe classroom, *Early Childhood Today*; Aug/Sep2000, Vol. 15 Issue 1, p35
20 Ibid.

실제 교실에서 교사가 인내심, 침착함, 유머 감각, 취약성과 함께 친절과 일관됨을 보여 주면, 안전한 학습 환경이 조성될 수 있다. 교실 내에서 기대되는 행동이 모두의 동의하에 명확히 제시되고 서로를 존중하면, 긴장감이 고조되기 전에 자연스럽게 완화되고 따라서 안정감이 증가한다. 학생들은 심각한 규칙 위반이 가져올 결과를 미리 알고 있어야 하며, 교사는 그 결과에 대해 자비롭지만 일관되게 조치를 취해야 한다. 연령대가 높은 학생들의 경우 안전한 공간에서 대화하는 방법에 대한 규칙을 따로 만들어 자신을 솔직히 표현하도록 하고 이 때문에 공격당하거나 기가 눌리는 일이 없도록 해야 한다. 이렇게 하면 어려운 대화도 효과적으로 진행할 수 있다.

자원 활용하기Resourcing, 접촉하기Grounding, 따라가기Tracking 등 신체안정화 기법

신체가 안정되면 신경계도 안정되기 때문에 몸을 편안하게 하면 우리는 안전함을 느낀다. 따라서 우리가 교실에서 가장 먼저 해야 할 일은 학생이 최대한 안전함을 느끼도록 하는 것이다. 그리고, 이것이 가능한 전체 학교와 지역사회로 확대되도록 한다. 이러한 안정감을 길러주는 방법 중 하나가 바로 '자원'에 대해 생각하고 활용하는 것이다. 여기서 자원은 외적인 것이거나 내적인 것, 혹은 상상의 것일 수 있다. 외부 자원에는 친구, 좋아하는 장소, 즐거운 추억, 가족 구성원, 애완동물, 좋아하는 음악이나 가수 등이 포함될 수 있다. 내부 자원에는 학생이 가지고 있는 기술, 유머 감각이나 친절한 태도, 재미있는 활동, 강력하고 유능하게 느껴지는 신체 부위와 같이 긍정적이고 개인적인 부분 등이 있을 수 있다. 상상의 자원을 통해 학생들은 직접 경험한 것이 아니더라도 자원으로 활용할 수 있는 무언가를 의식적으로 만들어낼 수 있다.

자원을 활용하는 이유는 학생들이 자원을 마음에 품고 자세히 탐구하면 회복탄력성, 안정성, 그리고 편안함을 주는 장소로 이동할 수 있기 때문이다. 더 큰 안정감을 위해 마음에 떠올릴 수 있는 자원을 다양하게 개발하는 데에는 시간이 걸릴 것이다. 하지만, 일단 이 과정이 자연스러워지면 안정감을 얻는 데 크게 도움이 될 것이다. 일단 자원이 개발되고 나면 학생들은 자원과 함께 '따라가기'를 연습할 수 있다. 이는 자원을 생각하면서 즐거움, 불쾌감, 그리고 중립적인 느낌 등 신체에서 일어나는 감각에 주의를 기울이는 것이다. 학생들은 점차 자신이 스트레스를 받거나 신경계의 부조화가 일어났다고 느낄 때 자원을 가지고 몸의 느낌을 탐색하면서 편안함의 차이를 경험하게 된다.

'접촉하기(Grounding)'도 안정감을 키워주는 몸으로 들아오는 감각 운동이다. 이 활동은 지지 받고, 보호받고, 안정적이며, 행복한 느낌을 주는 신체적 접촉에 주의를 기울이는 것이다. 따라서 물건을 만지거나 잡고 있을 때, 혹은 몸이 지지되는 곳을 알아차릴 때 접촉하기가 이루어진다. 학생들이 자신의 몸이 어떻게 지지되는지에 주의를 기울이고 있을 때 자세를 바꾸도록 유도해 지지받는 느낌이 어떻게 달라지는지 알아차리도록 할 수도 있다. 자원 활용하기와 마찬가지로 접촉하기는 신체의 감각을 알아차리는 따라가기와 함께 실행되어야 하며, 학생들이 불쾌한 감각을 느꼈을 때 즐겁거나 중립적인 감각(또는 자원)으로 옮겨갈 수 있도록 하는 것도 필요하다.[21] 학생들은 이러한 자원 활용하기, 접촉하기, 따라가기 기술을 개발하면서 몸에서 일어나는 과정을 점차 잘 인식하게 될 것이다. 이는 긴장, 불안, 스트레스가 다루기 어려운 문제로 발전하기 전에 초기 단계에서 알아차릴 수 있도록 도울 것이다.

신체를 안정시키기 위해 다른 활동들도 다양하게 사용할 수 있다. 요가와 태극권은 현재 미국, 캐나다, 유럽 등지의 많은 학교에서 인기를 끌고 있으며,[22] 스웨덴에서는 학생들이 주기적으로 허리, 어깨, 팔 등을 서로 마사지해 준다.[23]

이때 교사는 신체의 안정을 찾는 것이 단순히 몸을 편안하게 하거나 무기력한 상태나 졸음을 유발하는 것과는 다르다는 것을 이해해야 한다. 여기서 핵심은 집중력과 학습에 가장 도움이 되는 신체적, 정신적 상태를 개발하는 것이다. 이것은 느리거나 무기력하거나 졸린 상태가 아니라 탄력적이며 균형 잡힌 깨어있는 상태다. 그러므로 신체의 안정을 위한 활동들을 단순한 이완이나 그냥 누워 있는 시간, 혹은 낮잠 자는 시간으로 만들지 않아야 한다.

---

21 일레인 밀러 캐러스와 동료들은 트라우마에 기반한 돌봄으로부터 공동체 회복탄력성 모형을 개발했는데, 이는 우리의 몸을 안정화시키는 다양한 방법들을 구체적으로 설명하고 있다. 이 방법들은 학생들이 집중력 훈련이나 정서적 알아차림을 개발할 때 준비과정에서 도움을 줄 수 있다. 이 방법들은 씨러닝 교육과정안에 스며들어 제공된다.

22 *See for example*: Timmer, Cindy K., "Integrating yoga into elementary classrooms in order to create a foundation of serenity and health early in life" (2009). *School of Education Student Capstones and Dissertations*. Paper 779. Hagen, Ingunn and Nayar, Usha S. Yoga for children and young people's mental health and well-being: research review and reflections on the mental health potentials of yoga. Frontiers in Psychiatry (April 2014, VOL. 5, Article 35). Converse, Alexander K., Elizabeth O., Travers, Brittany G., and Davidson, Richard J. "Tai chi training reduces self-report of inattention in healthy young adults," *Frontiers in Human Neuroscience*. 2014; 8: 13

23 Berggren, Solveig. "Massage in schools reduces stress and anxiety," *Young Children* (September 2004).

아이들은 신체를 안정시키는 것을 특히 더 어려워할 수 있다. 그러나 어려운 일을 겪고 있거나 혼란스러운 감정을 경험하고 있는 아이들, 또는 건강이 좋지 않은 아이들에게는 굉장히 필요한 능력이다. 성인과 똑같이 아이들도 스트레스를 받으며, 아이의 부적절한 행동은 대체적으로 스트레스로 인한 불편함 때문에 일어난다. 학생들에게 신체를 안정시킬 수 있도록 도와주는 것은 즉각적인 불편함에 대처할 수 있는 방법을 알려주는 것이다. 이 외의 경우에는, 활기찬 야외 활동 이후에 다시 수업에 집중해야 할 때와 같이 신체적 활동을 정신적으로 집중된 활동으로 건강하게 전환해야 할 때 신체를 안정시키는 기법을 활용할 수 있다.

익숙해지면 어떤 기술을 사용하더라도 학생들의 신체를 효과적이고 효율적으로 안정시켜 줄 것이다. 아마도 아동, 청소년이 신체를 조절하는 법을 배우는 데에는 상당한 시간이 걸릴 것이다. 여느 기술과 마찬가지로, 더 자주 연습할수록 더 잘할 수 있게 된다. 이 기술을 갖추면 학생들은 인지 및 충동을 잘 조절할 수 있을 것이다.

신체의 안정을 습득할 때뿐 아니라, 감정을 탐색하고 안내하는 것을 배울 때에도 인지 및 충동 조절 능력이 필요하다. 이런 조절 능력이 없는 학생들은 즉각적인 감정이나 느낌, 혹은 충동에 관대하게 행동할 것이다. 인지 및 충동 조절은 집중력을 유지하는 능력과 주의를 끄는 대상이나 감정들의 유무, 또는 다른 것에 의해 마음을 빼앗기지 않는 능력에 달려 있다. 따라서 인지 및 충동을 조절하기 위해서는 지속적인 집중력을 길러야 한다. 이러한 맥락에서, 인지 및 충동 조절은 학생들이 자신이 선택한 대상에 주의를 기울이고 과도한 스트레스나 산만함 없이 집중을 유지하는 능력이라고 할 수 있다. 여기서 중요하게 짚고 넘어갈 것은, 지금 말하고 있는 집중은 모든 종류에 대한 집중이 아니라 내면에 초점을 맞추고 신체와 정신의 변화가 일어날 때 주의를 기울일 수 있는 집중을 의미한다는 것이다. 대니얼 골먼이 The Triple Focus에서 주장한 바와 같이, 내면, 타인, 외부 영역은 모두 연관되어 있다. 따라서 SEE Learning에서 말하는 개인적 영역, 사회관계 영역, 시스템 영역은 모두 연결되어 있다고 볼 수 있으며, 이러한 연결성에 집중하는 것은 알아차림을 기르는 핵심 열쇠가 된다. 실제로 집중하는 능력은 다른 사람의 존재와 감정에 대한 내면 반응에 초점을 맞추는 사회관계 영역과, 내적 알아차림에 주의를 기울이고 상호의존성에 대해 이해하는 시스템 영역을 다룰 때 큰 도움이 된다. 더 나아가, 집중력 활동이 정서이해력 구성 요소와 통합되면 학생들이 자신의 감정을 더 잘 인식하고 조절할 수 있도록 도와줄 것이다. 우리의 몸은 마음이 감지하는 것보다 더 빨리 감정 상태를 알려주기 때문에, 감정이 어떻게 몸에 영향을 주는지를 알아차리는 연습은 신체적 변화를 정서적 문제가 일어나고 있다는 사인으로 인지하게 해 더 큰 문제로 발전하기 전에 해결할 수 있도록 도와준다.

집중하는 능력은 1인칭 시점의 정서이해력을 개발하는 데 매우 중요한 역할을 하며, 인지 조절력을 기르는 것과도 연결된다. 인생에서 성공하기 위해서는 주의를 뺏기지 않고 과제에 집중하는 능력이 필요하다. 이러한 집중은 단순히 교사에게 집중해 수업을 듣는 것뿐 아니라 공상을 하거나 쪽지를 주고받는 것과 같은 비생산적인 사고와 행동을 조절하는 것까지 포함한다. SEE Learning에서는 단순히 "집중하세요"라고 말하면서 어떻게 집중해야 하는지 알려주지 않는 것이 아니라, 주의를 기울이는 방법과 그것을 쉽게 유지하는 방법, 그리고 매 순간 어디에 집중해야 하는지 인식하고 판단할 수 있는 방법을 알려줄 것이다.

주의를 돌리는 데 필요한 주의력 조절과 인지적 유연성은 모두 집행 기능이 가지는 중요한 특징이다. 집행 기능은 경솔하게 행동할 수 있을 때를 알아차리고 집중하면서 이에 대해 생각하고 충동을 억제하는 뇌 기능을 말한다.[24] 학생들이 집중과 관련한 자기 조절 능력에 어려움을 겪게 되면, 독서 및 언어 발달에 문제가 나타나거나 전반적인 학업 성취도가 저하될 수 있다. 또한 주의력을 효과적으로 조절하지 못하면 사회적으로도 부적응 행동이나 집단적 괴롭힘에 더 쉽게 노출될 수 있다.[25]

---

24 Diamond, Adele, and Lee, Kathleen. "Interventions shown to Aid Executive Function Development in Children 4 - 12 Years Old." *Science*. 2011 August 19; 333(6045): 959 - 964

25 NICHD Early Child Care Research Network. "Do Children's Attention Processes Mediate the Link Between Family Predictors and School Readiness?" *Developmental Psychology*, 2003, Vol. 39, No. 3, p.583

집중을 유지하는 능력은 학생들이 장기적인 과제나 고차원적 목표를 성취해야 할 때에도 도움을 준다. 이 역량은 교육에서 '열정적 끈기grit'라고 불리는 중요한 교육적 구성 요소다.[26] 끈기grit를 가진 학생들은 어려움을 개인적인 능력의 부재나 의지의 실패라고 보기보다는 성공으로 가는 길에 나타난 과속 방지턱과 같은 것으로 본다. 인내심을 자신의 강점으로 여기면서 왜 노력해야 되는지 이해하고 있으면 어려움은 더이상 실패가 될 수 없다.[27] 인지 신경 과학자이며 맥길 대학교에서 집중력을 연구하고 있는 아미르 라즈Amir Raz는 다음과 같이 말했다.

> "집중력이 좋으면 강의 시간에 교수에게 주의를 기울이는 것 이
> 상으로 많은 것을 할 수 있다. 인지적 과정을 조절할 수 있고, 감정을
> 조절할 수 있으며, 행동을 더 잘 선택하게 된다. 그리고 보다 나은 삶
> 을 즐겁게 살아 갈 수 있다."[28]

자기 통제력이 아동기 도덕성 발달에도 매우 중요한 역할을 해 자율적으로 자기를 조절할 수 있도록 돕고,[29] 책임 있는 의사 결정을 하도록 이끈다는 연구도 있다.[30] 지금까지의 연구에 따르면 집중력 조절과 자기 통제력을 기르는 가장 좋은 방법은 명상, 무술, 요가와

---

26 U.S. Department of Education, Office of Educational Technology. "Promoting Grit, Tenacity, and Perseverance: Critical Factors for Success in the 21st Century," February 14, 2013. p. vii

27 Ibid. p.xx

28 Jackson, Maggie. "Attention Class." *The Boston Globe*, June 29, 2008.

29 Kochanska, Gvazyna, Murray, Kathleen and Coy, Katherine C. "Inhibitory Control as a Contributor to Conscience in Childhood: From Toddler to Early School Age." *Child Development*, April 1997, Volume 68, Number 2, Pages 263–277. Kochanska, Gvazyna, and Aksan, Nazan. "Children's Conscience and Self–Regulation." *Journal of Personality*. Volume 74, Issue 6, pages 1587 – 1618, December 2006.

30 Reudy 등(2010)은 마음챙김의 수준이 높은 사람들이 조금 더 윤리적으로 행동하는 경향을 보이며, 윤리적 기준이 높고, 윤리적인 결정을 내리기 위해 노력한다는 점을 발견했다. Reudy, Nicole E. and Schweitzer, Maurice E. "In the Moment: The Effect of Mindfulness on Ethical Decision Making." *Journal of Business Ethics*, September 2010, Volume 95, Supplement 1, pp 73–87

같은 마음챙김 기반 활동과 특정한 교육 프로그램들이다.[31] 이러한 연구 결과는 사회 정서 학습SEL 운동 을 일으킨 린다 란티에리Linda Lantieri와 대니얼 골먼Daniel Goleman이 관찰한 바와도 일치한다. 린다 란티에리와 대니얼 골먼은 학생들의 자기 조절 능력을 높이기 위해서는 사회 정서 학습에 자신의 느낌, 생각, 충동에 끌려 다니지 않고 집중하는 것을 배우는 체계적인 집중력 훈련이 포함되어야 한다고 주장했다.[32] 친절과 자비가 아무리 가치 있는 것이라 해도, 어떤 아이는 여전히 다른 사람을 해치거나 자신의 행복을 무너뜨리는 행동을 할 것이다. 이는 '순간에 사로잡히거나' 자신의 행동이 낳을 결과를 고려하지 못했기 때문이라고 할 수 있다. 집중력 훈련은 자극과 반응 사이에 공간을 만들어 좀 더 신중하게 생각한 후 반응하도록 도와 준다.

마음챙김 기반 스트레스 감소Mindfulness-Based Stress Reduction 프로그램의 창시자인 존 카밧진Jon Kabat-Zinn과 '이완 반응'이 가져오는 신체적 유익함에 대해 최초로 발견한 허버트 벤슨Herbert Benson의 연구에서 입증된 바와 같이, 인지 및 충동 조절은 학생들이 경험하는 끊임없이 증가하는 스트레스를 퇴치하는 데 강력한 도구가 될 것이다. 다른 연구자들도 다음과 같이 말하고 있다. "학생들은 학습 과정에서 마음챙김을 사용하면서 창의적으로 변하고, 인지적 유연성을 경험했으며, 정보를 잘 활용하고 배운 것을 더 잘 기억했다. … 더 잘 집중했고, 쉴 때는 편안하게 쉬었으며, 시험 보기 전에 느끼는 불안이 감소했고, 갈등 상황에서 더 나은 결정을 내렸으며, 쉬는 시간에는 쉽게 주의를 환기시켰다."[33] 마음챙김은 다양하게 정의될 수 있지만, **SEE Learning**에서는 마음챙김을 집중력을 기르는 것으로 정의한다. 이 집중력은 반성적 활동과 감정을 안내하는 활동에 지속적으로 작용하면서 중요한 역할을 할 것이다.

---

31 Diamond, Adele, and Lee, Kathleen. "Interventions shown to Aid Executive Function Development in Children 4 - 12 Years Old." *Science*. 2011 August 19; 333(6045): 959 - 964

32 See Goleman and Senge, *The Triple Focus*, p. 21; and Linda Lantieri and Vicki Zakrzewski, "How SEL and Mindfulness Can Work Together." April 7, 2015. http://greatergood.berkeley.edu/article/item/how_social_emotional_learning_and_mindfulness_can_work_together

33 Napoli, Maria, Krech, Paul Rock, and Holley, Lynn C. "Mindfulness Training for Elementary School Students: The Attention Academy." *Journal of Applied School Psychology*, Vol. 21(1) 2005.

SEE Learning에서 인지 및 충동 조절은 집중을 강화하는 전략들에 근거하고 있다. 학생들은 먼저 몸의 감각에 주의를 기울이고 감각을 따라가는 것을 배운다. 다음으로 마음챙김 걷기, 마음챙김 듣기, 마음챙김 먹기 등과 같이 주의를 유지하는 연습을 한다. 그 다음, 호흡과 같은 특정한 대상에 집중하고 마지막으로, 생각과 감정이 일어나고 사라지는 것을 바라보면서 성신적 경험 그 자체에 집중한다. 이러한 공식적 활동들은 아이들이 '온전히 존재'할 수 있도록 도와주고, 주의 집중, 충동 조절, 만족 지연 등을 길러준다. 겉으로는 어려워 보일 수도 있지만, 실제로 해보면 매우 간단할 수 있다. 예를 들어, 유아를 위한 다양한 프로그램에서는 배 위에 작은 동물 인형을 올려놓고 숨을 쉴 때마다 오르락내리락하는 것을 바라보는 '호흡 친구' 활동을 한다. 집중력을 기르고자 하는 의식적인 목적을 가지고 다양한 활동에 참여하도록 한다면 학생들은 이를 통해 집중력을 기를 수 있다.

신체를 안정시키고 인지 및 충동을 조절하는 것을 배우는 것은 그 자체로도 큰 의미가 있지만, 마지막 주제인 *감정 안내하기*를 위해서도 중요하다. 감정을 인식하고 구별하는 능력, 그리고 내면의 욕구와 연결하는 능력과 같이 개인적인 영역의 기술과 지식들을 갖추고 나면, 이 지식을 실제로 어떻게 활용해야 할지 의문이 생긴다. 이것은 정서이해력 습득을 위해 거쳐야 하는 단계로, 감정의 세계를 성공적으로 여행하기 위해서는, 마음 지도와 정서적 알아차림을 잘 활용하는 법을 배워야 한다.

여기서 중요한 것은, 감정이 자신과 다른 사람들에게 생산적으로 도움이 되는 때는 언제인지, 그리고 감정이 해롭게 변하는 때는 언제인지 알아차리는 능력인 정서적 분별력을 개발하는 것이다. 정서적 분별력의 개발이 이미 자기 자비와 '마음 지도'를 배우면서 어느 정도 시작되었을 수 있다. 하지만 여기서는 완전하고 확실하게 개발될 것이다. 자신과 타인에게 유익하거나 해로운 행동이나 태도를 인식하게 되면 자연스럽게 유익한 행동을 하면서 해로운 행동을 효과적으로 다루는 기술을 습득한다. 자기 조절 활동은 신체적 차원(상황을 개선하거나 다른 사람을 해치는 것을 피하기 위해 할 수 있는 행동은 무엇이지?)과 정신적 차원(어떤 사고방식, 관점 수용, 또는 태도의 변화가 이 상황에 도움을 주거나 방해가 될까?) 모두에서 진행될 수 있나.

위에서 언급한 바와 같이, 지식 전달 차원에서 감정에 대해 배우는 것도 중요하지만, 감정이 자신의 몸과 마음, 더 나아가 행동에 어떻게 영향을 미치는지에 대해 1인칭 시점에서 경험하고 확신을 얻는 것도 중요하다. 이러한 통찰의 과정은 교사의 노력만으로도 충분히 촉진시킬 수 있다. 학생들은 마음 지도와 함께 자신의 감정을 살피고 나아가 자신이나 다른 사람에게 감정이 미치는 영향에 대해 더 넓은 맥락 안에서 탐구할 수 있다. 이 감정이 나를 어디로 데려가는 걸까? 나는 이 감정이 이끄는 곳으로 가고 싶은 걸까? 학생들은 이러한 질문을 던지고 이에 대한 합리적인 선택을 할 수 있을 것이다. 하나의 작은 편견도 매우 끔찍한 사회적 결과를 초래할 수 있다. 강렬한 분노 같은 특정한 감정이 일어나는 순간을 적절한 시간 안에 알아차리고 피하지 못하면 자신과 다른 사람들을 평생토록 괴롭히는 파괴적인 결과를 낳을 수 있다. 이러한 현실에 대해 반복적으로 성찰하는 것은 감정을 확인하고 조절하는 방법을 고민하게 하며, 자신과 타인을 해치는 감정과 정서 상태에 주의를 기울이는 법을 배우도록 한다. 감정을 확인하고 조절하는 역량을 개발하면서 학생들은 열정과 용기를 얻고 자신감을 갖게 될 것이다.

정서적 통찰이 높아지면 학생들은 특정한 태도와 관점이 감정을 일으킨다는 사실을 알아차릴 것이다. 이것은 이미 감정과 내면의 욕구 사이의 관계를 배웠기 때문에 가능한 일이다. 학생들이 특정 감정을 유발하는 인과적 고리를 인식하게 되면, 정서이해력은 더욱 깊어진다. 이때 학생들은 어떤 태도와 인식을 발전시킬 것인지, 그리고 어떻게 변화시키고 싶은지 결정하게 된다. 이는 감정의 부정적인 영향을 조절하고 변화시키거나 약화시키고자 하는 노력으로 연결되면서 해로울 수 있는 감정을 잘 다룰 수 있게 된다. 이것이 감정 안내하기 활동이다.

감정은 개개인의 느낌이나 지각과 연결되기 때문에, 교사가 옳은 감정이나 느낌을 설명하는 것보다 학생들이 스스로 경험을 통해 내면의 정서적 배경에 대한 지식을 쌓아가도록 하는 것이 중요하다. 자신의 감정을 안내하는 데 무엇이 효과적인지를 스스로 발견할 때 만이 중요한 통찰에 도달할 수 있으며, 궁극적으로는 체화된 이해에 이를 수 있다. 학생들은 집중, 정서적 알아차림, 정서에 대한 통찰의 발달 정도에 따라 해로운 감정에 즉각적으로 반응하기보다 선택적으로 자신을 다잡고 해독제를 적용하게 될 것이다.

개인적 영역이 회복탄력성을 개발시키는 많은 활동을 제공하기는 하지만, 대인관계적, 사회적, 문화적인 요소들도 학생을 지원하고 회복탄력성을 높이는 자원이라는 것을 인식해야 한다. 끈기Grit와 회복탄력성이 학생들이 갖는 모든 문제에 대한 해답이 될 수는 없으며, 학생들의 성공을 위협하는 구조적인 문제를 감추기 위한 변명거리로 사용되어서도 안 된다. 환경적 요인이나 다른 사람들에 의해 어려움이 생기면, 학생들이 잘 성장할 수 있도록 이러한 어려움을 반드시 해결해 주어야 한다. 이러한 이유 때문에 SEE Learning은 사회관계 영역과 시스템 영역에 특별한 주의를 기울이고 있으며, 이 세 가지 영역을 조화롭게 포함하는 통합적 접근 방법을 취한다.

5장

사회관계 영역

　사회관계 영역은 많은 부분에서 개인적 영역과 맥을 같이 한다. 그러나 이 영역에서는 자기 자신이 아닌 타인에게 초점을 두어 학습한다. 개인적 영역에서와 마찬가지로, 사회관계 영역에서도 알아차림, 자비, 실천의 세 가지 차원을 통해 학습한다. 이 장에서의 알아차림은 다른 사람의 존재 자체에 대한 근원적 알아차림을 의미한다. 즉, 자신이 타인과의 관계 속에 존재하고 있으며, 다른 사람에게 영향을 주고 도움을 받기도 하는 사회적 존재임을 알아차리고, 더 나아가 타인의 존재와 그들이 살고 있는 방식을 알아차리는 것을 의미하는 것이다. 따라서, 여기에는 우리가 가지고 있는 보편성과 특수성에 대한 알아차림도 포함된다. 사회관계 영역에서의 자비는 개인적 영역에서 배운 내용을 타인에게 향하도록 한다. 즉, 타인에 대해 단편적이고 즉각적인 판단을 내리기보다 맥락 속에서 타인의 감정을 이해하고, 이를 통해 감사, 용서, 관대, 겸손과 같은 다양한 친사회적 정서를 기르는 것이다. 마지막으로, 사회관계 영역에서의 실천은 이전 단계의 알아차림과 통찰을 바탕으로 긍정적이고 건설적으로 다른 사람들과 관계를 맺는 것이다. 따라서 학생들은 타인과 관계를 잘 형성하고, 타인에게 유익한 행동이 장기적으로는 자신에게 이익을 가져올 것임을 인식하면서, 타인의 행복을 도모하는 행동과 기술을 개발하게 될 것이다.

　사회관계 영역은 *대인 관계 인식, 타인 자비, 사회관계 기술*의 세 가지 요소로 구성되어 있다. *대인 관계 인식*에서는 다른 사람이 자신의 행복에 기여하고 있다는 것을 인식하고 이에 대해 깊이 이해하는 능력을 키운다. *타인 자비*에서는 우리에게 내재된 능력인 타인의 감정과 다른 관점을 이해하는 힘을 발달시킨다. *사회관계 기술*에서는 타인과 효과적으로 소통하고 상호작용하기 위해 필요한 실제적 기술을 익힌다.

SEE Learning을 실행할 때 반드시 교육과정 모형에 제시된 순서대로 진행해야 하는 것은 아니다. 하지만, 개인적 영역에서 개발한 자신의 정서를 알아차리는 능력은 타인의 정서를 알아차리는 것을 탐구하는 사회관계 영역으로 옮겨가는 데 도움을 줄 것이다. 마음 지도, 정서적 알아차림, 그리고 욕구와 연결된 감정을 맥락 속에서 인식하는 것을 통해 정서 이해력을 기르는 것은 사회관계 영역에서 다시 한 번 다루어질 것이며, 이를 통해 타인에 대한 진정한 공감과 이해를 향상시킬 것이다. 교육과정 모형을 볼 때, 좌에서 우로 이동하는 것, 즉 알아차림에서 자비, 자비에서 실천으로 학습 방향이 옮겨가는 것도 엄격하게 순서를 지킬 필요는 없다. 그러나 각각의 구성 요소가 계속적으로 쌓이고 확장되면서 이전보다 공고해지는 과정을 거치기 때문에 차례대로 실행할 것을 권장한다. 결과적으로 사회관계 영역은 개인적 영역에서 학습한 과정과 비슷하게 진행되지만, 타인에 대한 깊은 이해를 통해 자신에 대한 통찰을 더욱 더 넓히게 될 것이다.

대인 관계 인식

"이해하는 것은 엄청난 것이다. 이해는 다른 사람들이 가진 훌륭한 점들을 자신의 것으로 만들어준다." 18세기 철학자 볼테르 앱틀리Voltaire Aptly는 타인을 이해하는 것은 대인 관계적 유대를 증진하고, 자신의 행복감도 높여준다고 주장했다. 이해는 공감이나 자비의 증진이나, 타인과의 건설적인 관계 맺음에도 필수적이다. 사람들이 처음에는 이기적으로 자신의 이익에만 초점을 맞출 수 있겠지만, 이해를 바탕으로 타인과 연결하는 것은 분명 가르쳐질 수 있는 능력이며, 이러한 능력은 궁극적으로 자기 자신에게 큰 이익을 가져다 줄 것이다.[34]

---

34 Adler, Mitchel G. and Fagley, N. S. "Appreciation: Individual Differences in Finding Value and Meaning as a Unique Predictor of Subjective Well-Being." *Journal of Personality*, February 2005. Vol. 73, No. 1, p.79-114.

교육과정 영역. 사회관계	구성 요소: 대인 관계 인식
교육과정 차원: 알아차림	

대인 관계 인식

강화되는 역량

1 현실의 사회적 관계에 주의 기울이기
우리에게 내재된 사회적 본성을 인식하고 다른 사람들의 존재와 그들이 우리 삶에서 수행하는 역할에 주의 기울이기

2 다른 사람들과 함께하고 있는 현실에 주의 기울이기
행복을 원하고 어려움은 피하려 하며, 감정과 몸의 상태를 가지고 있고, 공통적인 경험을 하는 등 근본적으로 다른 사람들과 함께하고 있다는 사실 이해하기

3 다양성과 차이 존중하기
우리가 함께 살고 있는 현실에 존재하는 개인과 집단의 다양성, 독특함, 다름을 알고 이러한 차이를 존중하면서 수용하는 방법에 대해 배우기

대인 관계 인식은 세 가지 주제로 설명되며, 각각의 주제는 강화되는 역량과 연결된다. 첫 번째 주제는 *현실의 사회적 관계에 주의 기울이기*이다. 이것은 우리에게 내재된 사회적 본성을 인식하고 타인의 존재와 우리 삶 속에 있는 그들의 역할에 주의를 기울이는 것이다. 두 번째 주제는 *다른 사람들과 함께 하고 있는 현실에 주의 기울이기*로, 여기에서는 행복을 원하고 고통은 피하려고 하는 바람을 모두가 가지고 있다는 것, 모든 인간은 신체적, 정서적 상태를 가지고 있다는 것, 그리고 일반적으로 비슷한 경험을 한다는 것과 같이 근본적으로 타인과 함께 공유하고 있는 것을 이해한다. 세 번째 주제는 *다양성과 차이 존중하기*이다. 여기서는 우리가 함께 살고 있는 곳에 다양성, 독특함, 개인 간, 집단 간 차이가 존재하고 있다는 것을 이해하고, 이러한 다름을 존중하며 수용하는 법을 배운다.

먼저 *현실의 사회적 관계에 주의 기울이기*에서는 우리가 사회적 존재로 태어났으며, 어느 누구도 '고립'되어 혼자 살아갈 수 없다는 것을 인식한다. 또한, 우리 삶에 존재하는 타인을 인식하고 그들이 우리 삶에서 수행하는 역할에 대해 알게 될 것이다. 우리가 다른 사람들과 함께 살고 있으며, 그들도 우리처럼 하나의 주체로서 세계를 경험하고 있고, 그들이 우리 삶 속에서 무수히 많은 방식으로 일정한 역할을 수행하고 있다는 것을 알아차리는 것은 어쩌면 매우 명백해 보이지만 우리가 쉽게 잊고 사는 부분이기도 하다. 우리는 때때로 자신만이 욕구와 욕망을 가지고 있고, 자신의 욕망이 반드시 충족되어야만 할 것 같은 생각의 덫에 빠지곤 한다.

처음에는 이러한 부분에 대해서 쉽고 간단한 방법으로 알려주더라도, 시간이 지나 학생들에게 자신의 삶을 형성하고 존재하게 하며 미래에도 영향을 주는 사람들에 대해 생각하도록 하는 것은 이 주제를 훨씬 더 깊게 이해하도록 도울 것이다. 학생들은 자신이 문화생활을 즐기는 데 필요한 것들을 제공해주는 사람부터 우정을 주거나 보호를 해주는 사람에 이르기까지 다른 사람들이 자신의 삶에서 수행하는 역할을 다양하게 탐구할 것이다. 이는 타인에 대한 이해와 공감, 그리고 자비를 기르면서 학습할 수 있다. 좀 더 연령이 높은 학생들에게는, 자아 형성에 미치는 타인의 영향이나 자아존중감의 복잡성 등에 대해 이야기 나누면서 자아가 어떻게 타인과의 관계 속에서 형성되는지를 탐구할 수 있을 것이다.

타인이 하나의 주체로 존재한다는 것을 인식하기 시작하면, 타인도 감정을 가지고 있고 우리가 그들의 정서에 주의를 기울일 수 있다는 것을 깨닫게 된다. 이렇게 타인에 대한 이해는 두 번째 주제인 *다른 사람과 함께 사는 현실에 주의 기울이기*로 이어지면서 더욱 심화되고 발전된다. 이 주제는 사람들 사이의 차이를 인정하면서도 우리가 근본적으로 가지고 있는 타인과의 유사성을 인식하도록 돕는다. 여기서 중요한 것은, SEE Learning 에서 강조하는 유사성은 모든 인간이 보편적으로 경험하는 수준에서 일어나는 사실을 이야기한다는 것이다. 우리와 마찬가지로 다른 사람들도 욕구, 바람, 두려움, 희망 등의 감정을 가지고 있다. 그들도 똑같이 아프고 한계나 장애에 부딪히기도 하며, 기쁨이나 시련을 경험하기도 한다. 근본적으로 모든 인간이 가지고 있는 이러한 보편성에 대한 인식은 학생들도 충분히 터득할 수 있는 부분이다. 타인에게 주의를 기울이는 것은 인지적 공감의 중요한 요소인 타인의 정서를 인식하고 확인하는 능력을 향상시킨다. 또한 정서적 공감을 위해 필요한 자신과 타인의 유사성을 인식하는 기술도 향상시킨다. 이러한 능력이 두 번째 요소인 타인의 감정을 맥락 안에서 이해하는 것과 결합되면 학생들의 공감 능력을 크게 향상시킬 수 있다.

마음 지도나 1인칭 시점에서의 정서적 알아차림을 통해 정서이해력을 함양하면, 자신과 타인이 공통적으로 가지고 있는 유사점들을 쉽게 알아차리게 된다. 그리고 타인이 모든 면에서 자신과 똑같지 않다는 것도 탐구하게 된다. 학생들은 주변 사람들이 자신처럼 욕구나 소망, 두려움이나 희망을 가지고 있다 하더라도, 그것이 자신의 것과 완전히 똑같은 소망이나 두려움일 필요는 없다는 것을 알게 될 것이며, 이러한 차이를 존중하는 법도 배우게 될 것이다. 다른 사람들도 나름대로 자신의 삶을 잘 살아가고 있으며, 그들만의 시각과 또 다른 지식들을 가지고 있다는 것도 알게 될 것이다. 타인과의 사이에서 나타나는 차이에 대한 인식과 함께 우리 모두가 건강과 행복을 원하고 있다는 근본적인 공통점을 깨닫고 이해하면, 자신과 타인에 대한 좀 더 높은 차원의 이해를 습득할 수 있을 것이다. 그리고 이를 통해 사회관계 기술도 터득하게 될 것이다.

이 구성요소에서 다루는 마지막 주제는 *다양성과 차이 이해하기*이다. 우리가 살고 있는 세계의 모든 사람들은 개개인이 특별함을 가지고 있으며, 고유의 특성을 가진 사회적 그룹에 소속되어 있다. 우리는 각기 다른 양육 방식과 가정환경 아래에서 자랐으며, 가치관이나 태도, 소망 등을 형성하게 하는 경험도 모두 다르게 가지고 있다. 이처럼, 우리 사회에는 다양성이 존재한다. 이러한 다양성은 우리를 해체시키는 것이 아니라 화합하게 만든다. 그리고, 이러한 차이와 다양성을 존중하는 것은 우리가 공동체적인 삶을 영위할 수 있도록 돕는다. 이것은 계속해서 다원화되고 국제화되는 시점에 반드시 필요한 알아차림이라고 할 수 있으며, 공평성을 높이는 가장 직접적이고 근본적인 방안이 될 수 있다. 다양성에 대한 존중은 진정한 공감과 자비를 키우는 토대를 제공한다. 공감과 자비를 개발하기 위해서는, 자신과 타인이 비슷한 점을 가지고 있다는 것을 아는 것과, 다른 사람들은 모두가 특별하며, 자신과 똑같은 방식으로 세상을 경험하고 있지는 않다는 사실을 함께 알아차리는 것이 필요하다.

타인 자비

대인 관계 인식과 타인에 대한 이해는 친사회적 능력과 인성을 개발하는 데 초석이 된다. 이 요소에서는 이러한 인성적 요인을 개발하는 것을 다루는 *맥락 안에서 타인의 감정과 느낌 이해하기, 친절과 자비에 대해 이해하고 기르기, 다양한 인성적 특성을 이해하고 기르기*에 대해 살펴볼 것이다. 이 세 가지 주제는 '타인 자비'라고 불리는 구성 요소의 하위 요인이다. 친사회적 기술은 모두 중요하지만, 여기서는 특히 타인에 대한 자비에서 발현되고 타인에 대한 자비로 귀결되는 친사회적 능력에 대해 다룰 것이다. 자비는 학생들이 친사회적 기술에 대해 생각하고 이들을 맥락과 상황에 맞춰 실천하도록 도울 것이다.

첫 번째 주제는 *맥락 안에서 타인의 감정과 느낌 이해하기*이다. 이것은 자신의 감정을 맥락 안에서 이해하는 개인적 영역의 주제와 짝을 이루는 것으로, 개인적 영역에서 사용했던 여러 가지 전략들이 여기에서도 사용된다. 자신의 감정이 특정한 맥락 속에서 일어났다는 것을 이해하지 못하면 자기 판단으로 이어질 수 있다. 그러나, 자신의 감정이 욕구에서 비롯했다는 것을 이해하면 자기 수용과 자기 자비로 나아가게 된다. 타인을 바라볼 때에도 마찬가지다. 다른 사람이 허용되지 않는 방식으로 행동하면 자연스럽게 판단이 일어난다. 그러나 그 사람의 행동을 만든 어떤 감정을 찾고, 이 감정과 연결된 내면의 욕구를 이해하면 비판이나 분노의 감정 보다는 공감과 자비가 일어난다. 여기서는 학생들이 다른 사람이나 그룹 구성원의 행동 이면에 있는 맥락과 동기를 이해할 수 있도록 다양한 활동들을 소개할 것이다. 물론 부적절한 행동을 해도 괜찮다고 말하는 것은 아니다. 이것은 인간적 차원에서 다른 사람과 그들의 감정을 이해하는 것을 목적으로 할 뿐이다.

교육과정 영역: 사회관계	구성 요소: 타인 자비
교육과정 차원: 자비	

타인 자비

강화되는 역량

1 **맥락 안에서 타인의 감정과 느낌 이해하기**
타인의 감정과 반응을 그것이 일어나는 상황과 관련
지어 이해하고, 다른 사람들도 자신과 같이 어떤 욕구
가 있어 감정이 일어난다는 것을 이해하기

2 **친절과 자비에 대해 이해하고 기르기**
친절과 자비가 가져오는 유익함을 알고, 하나의 성격
적 특성으로 기르기

3 **다양한 인성적 특성을 이해하고 기르기**
다양한 인성적 특성과 용서, 인내, 만족, 관대함, 겸손
과 같은 친사회적 정서를 중요하게 생각하고 기르기

두 번째 주제는 *친절과 자비에 대해 이해하고 기르기*이다. 앞에서 설명했듯이, 자비는 자신과 타인에게 도움이 되는 인성적 행동을 유발하는 데 효과적이다. 이를 위해 학생들은 먼저 자비인 것과 자비가 아닌 것을 이해해야 하며, 자비라는 것을 함양하고 싶은 가치로 인식해야 한다. 자비가 학생들에게 무조건 지켜야 하는 의무로 인식되면 그들은 더 이상 자비를 생각하지 않을 것이다. 교사와 학교 관계자들이 자비에 대해 충분히 이해하고 있어야 하며, 자비와 가까운 관계에 있는 친절에 대해서도 잘 알고 있어야 한다. '친절'은 연령이 낮은 학생들에게 좀 더 적합한 용어가 될 것이며, '자비'는 높은 연령의 학생들에게 사용할 수 있다.

자비는 타인의 고통을 덜어주려는 마음이다. 많은 연구는 자비와 친사회적 능력을 후천적으로 학습하고 개발할 수 있으며, 이를 통해 신체적, 정신적, 사회적 건강과 행복을 얻을 수 있다고 보고한다. 자비와 친절이 항상 우리가 살아가는데 있어서 필수적인 요소라고 여겨진 것은 아니지만, 연구에서는 생물학적 뿌리를 밝히며, 우리가 생각하는 것 이상으로 자비가 우리에게 내재되어 있으며, 생존을 위해 필수적인 요소라는 것을 보여 주고 있다. 영장류 학자인 프란스 드 발Frans de Waal 박사는 모든 포유류와 조류의 새끼들은 태어난 직후에는 바로 혼자서 살아갈 수 없으며, 따라서 생존을 위해 어미의 보살핌이 필요하다고 설명했다. 그리고 인간이 아닌 다른 종들이 보이는 공감과 이타적인 행위들을 다양한 예를 들어 설명했다.[35] 이타적 행위는 개인적 차원과 집단적 차원에서 생존과 번영을 도모하는 상호간의 유대를 만들어 준다. 우리에게 자비는 생존의 문제이며, 이것이 우리가 생리적인 수준에서까지도 자비에 긍정적으로 반응하는 이유일 것이다.

인간의 경우 친절에 대한 선호는 매우 어린 나이부터 뚜렷하게 나타난다. 발달 심리학 연구에 따르면, 3개월 정도 된 영아도 반사회적인 행동을 하는 사람보다 타인을 도와주는 사람을 더 선호한다.[36] 킬리 햄린Kiley Hamlin도 "2세 미만의 영아는 자신의 욕구에만 관심을 둘 것이라고 생각하지만, 여러 연구들은 이렇게 어린 아이들도 관대함을 가지고 있다는 것을 보여준다"고 설명했다. 영아들도 자신의 간식을 기꺼이 나누어 주려고 하며, 이를 통해 행복감을 느낀다.[37]

냉정한 것보다 친절한 것을 더 가치 있게 여기는 것이 어쩌면 당연한 것처럼 보일지 모르지만, 이러한 기본적 상식에서도 우리는 쉽게 멀어지곤 한다. 이렇게 되면, 우리는 더 이상 자신과 타인에 대해 자비로운 시선을 갖지 않는다. 그리고 타인에게 냉담한 시선을 보내거나 자신이 행하는 나쁜 행동들을 모르는 체할 수 있다. 따라서 학생들이 자비가 가지는 의미와 가치를 깊이 새기고, 친절을 더 좋아하도록 도와야 한다. 가까운 사람들이 자비

---

35 De Waal, Frans, Age of Empathy: Nature's Lessons for a Kinder Society, Broadway Books; (September 7, 2010)

36 Hamlin, J. K., & Wynn, K. (2011). "Young infants prefer prosocial to antisocial others." *Cognitive development*, 26(1), 30-39.

37 Goleman, *A Force for Good*, p. 51.

에 가치를 두고 이를 향해 나아가면, 학생들도 자연스럽게 타인에게 친절을 보여 주고 싶어 할 것이며, 다른 사람이 행하는 친절을 인식하게 될 것이다. 그리고 학생들이 다른 사람의 부적절한 행동을 보게 되면, 자신과 타인에게 해로운 것이라고 인식하면서 건설적인 방법으로 반응하거나 개입할 것이다. 다른 사람이 친절한 행동을 하는 것을 볼 때에는 이러한 행동에 감사한 마음을 갖고 이를 더욱 격려하고 지지하며 칭찬할 것이다. 이는 교실과 학교의 문화를 점진적으로 변화시킬 수 있다. SEE Learning 교육과정에서는 먼저 자비와 친절이 행복을 위해 어떤 역할을 하는지를 살펴볼 것이다. 그리고 우리 모두는 행복해지기 위해 다른 사람이 우리에게 냉정하게 대하기보다 친절하고 자비롭게 대하기를 원하고 있다는 것을 학생들이 인식하도록 할 것이다. 이는 학급 규칙에 대한 이야기를 통해 구체적으로 탐구될 것이며, 학생들은 서로를 친절하게 대하는 것이 어떻게 자신과 친구들의 행복에 기여할 수 있는지에 대해 살펴볼 것이다. 그리고 다양한 방식을 사용해 반복적으로 이 주제로 돌아오면서 좀 더 세밀한 이해를 키워나갈 것이다.

친절과 자비에 대한 이해는 세 번째 주제인 다양한 인성적 특성을 이해하고 기르기를 뒷받침해 준다. 여기서 인성적 특성은 감사, 용서, 만족, 겸손, 인내 등을 말한다. '다양한' 인성적 특성에 대해 이야기하는 것이 모호하게 들릴 수 있지만, 나라별로 학생과 교사, 학교에서 가르치고 싶은 것이 다를 수 있기 때문에 각자가 인성적 특성을 직접 선택해 실행할 수 있도록 의도적으로 열어두었다는 것을 밝힌다.

이러한 인성적 특성들이 공통적으로 가르치고 있는 것은 물질적인 소유나 성취가 아니라 학생의 삶과 행복에 도움이 되는 내적 자질들이다. 자기 자랑이나 물질적 소유를 하지 않으면서 자신의 삶을 풍요롭게 만드는 사람들에게 가치를 부여하고 이들이 가진 삶의 방식을 이해하는 시간을 보내는 것은 학생들에게 장기적인 삶의 만족과 행복을 가져다 줄 것이다. 학생들이 이러한 내적 자질을 갖는 것이 물질적 소유나 성취만큼 중요하다는 것을 스스로 깨닫는 것이 무엇보다 중요하다. 연구에 따르면, 일정 정도의 물질적 안정이 생기고 나면 삶의 만족도 측면에서는 더 이상 올라가지 않고 평균을 유지하는 현상이 일어난다. 그러나 이러한 상황에서 아동과 청소년, 성인들의 행복도를 높이는 것이 감사라는 것이 밝혀졌다. 그런데 감사만 삶의 만족도에 연관 있는 것이 아니라, 자신이 받은 친절에 대해 고마움을 느끼는 것도 친사회적 행동을 높이는 것으로 나타났다.[38] 감사하는 마음과 친절에 대한 고마움은 사회 매체, 광고, 리얼리티 프로그램이나 다른 매체에서 전달되고 있는 물질만능주의적 메시지에 대한 강력한 해독제가 되어 줄 것이다.

실천적 관점에서 보면, 이 구성요소는 감사와 용서의 마음을 일으키는 타인의 친절에 대해 비판적으로 사고하고 이해하는 과정을 포함한다. 친절 이해하기라는 주제를 통해 학생들은 자신의 행복이 타인의 행동에 달려 있다는 것을 탐구할 것이다. 즉, 타인의 행동이 자신들에게 도움이 된다는 것을 인식할 것이며, 이를 통해 타인에 대한 이해를 더욱 확장시킬 것이다. 다른 사람에 대해 넓고 깊게 탐구하는 것은 오래도록 지속될 수 있는 진정한 감사의 마음을 키워줄 것이며, 그들과 좀 더 깊은 관계를 맺을 수 있도록 도와줄 것이다. 이렇게 되면, 자신을 이롭게 하려는 의도가 있었는지 여부에 상관없이, 어떤 방식으로든 다른 사람들이 자신을 이롭게 하고 있다는 사실에 감사한 마음을 가지게 될 것이다.

하고 있는 행동뿐 아니라 무언가를 하지 않는 자제력에 대해 생각하는 것도 타인에 대한 이해를 개발하는 데 도움을 준다. 이 방법을 통해 학생들은 다른 사람들이 해로운 일이나 불편한 점을 만들지 않았거나, 누군가를 해치지 않은 것에 대해 감사한 마음을 갖게 될 것이다. 다른 사람이 절도, 상해, 모욕 등을 저지르지 않은 것에 대해서도 감사하게 될 것이다. 왜냐하면, 모든 사람들이 이런 일을 저지르지 않으면, 우리는 더 이상 상해를 입거나 범죄의 피해자가 될 것 같은 두려움을 가지지 않아도 되기 때문이다. 좀 더 심화된 단계에서 학생들은 점차 해로운 방식으로 행동하는 사람에게도 배울 점이 있을 수 있다는 것을 탐구할 것이다. 타인의 잘못된 행동을 눈감아 주지 않으면서 새로운 관점을 취하는 능

---

38 Froh, Jeffrey J., Emmons, Robert A., Card, Noel A., Bono, Giacomo, Wilson, Jennifer A. "Gratitude and the Reduced Costs of Materialism in Adolescents." *Journal of Happiness Studies.* 2011. 12:289-302.

력은 화, 분노, 혐오를 효과적으로 해소하도록 도울 것이다. 이는 고난을 극복하고 고통에 대한 자신의 시각을 변화시켜 더 행복하고 충만한 삶을 살고 있는 다른 사람들의 실례를 통해 학습할 수 있다.

타인에 대한 이해는 이제 개인의 건강과 행복이 어떻게 낯선 사람을 포함해 무수히 많은 사람들의 친절한 행동에서 비롯된 것인지를 생각해보는 시간으로 확장될 수 있다. 이런 이해는 자연스럽게 감사한 마음을 생기게 할 것이며, 이를 통해 타인의 정서를 인식하고 그들과 함께 공명하는 공감의 단계에서 한 발짝 더 나아가, 타인의 행복과 고통에 대해 거리낌없이 살피는 공감적 관심과 염려의 단계에 이르게 될 것이다. 이는 자기중심적인 태도에서 생기는 부정적인 면과 서로를 보살필 때 생기는 긍정적인 면에 대해 생각하면서 더욱 강화될 것이다. 이러한 공감의 확장은 개별 학생의 차원부터 집단이나 대인 관계적 차원에서까지 포괄적으로 이루어질 수 있다. 나아가 개인적 영역에서 자신의 정서를 맥락 안에서 이해했던 것처럼, 타인의 정서를 좀 더 큰 맥락 속에서 그들의 욕구와 함께 인식하게 될 것이다.

공감은 다른 사람의 기쁨이나 슬픔 등을 인식하고 그에 민감하게 반응하는 것이다. 일반적으로, 공감은 친구나 사랑하는 사람, 또는 종교나 정당, 특정 스포츠 팀에 소속된 사람들처럼 비슷한 것을 느끼는 사람들에게 쉽게 발현된다. 에모리 대학교의 영장류 학자 프란스 드 발 박사는 "동일시는 공감으로 들어가는 첫 번째 문이다"라고 설명했다. 가까운 누군가가 잘 지내고 있으면 우리는 이에 대한 행복을 느끼며, 이들이 어려움을 겪고 있으면 우리도 힘든 것을 느낀다. 그러나 낯선 사람이 겪는 어려움에 대해선 일종의 냉담함을 느낄 수도 있고, 우리를 해하려고 했거나 귀찮게 했던 사람들, 혹은 시련이나 고통을 준 사람들이 어려움을 겪으면 일종의 만족감이나 희열을 느끼기도 한다. 하지만, 이렇게 공감할 수 없을 것만 같은 사람들까지 보살피게 되면 우리는 사실 많은 이익을 얻을 수 있다.

200년 전, 철학자 애덤 스미스는 공감을 하기 위해서는 다른 사람의 상황에 자신을 적극적으로 대입해보는 것이 필요하며, 이를 통해 다른 사람이 느끼고 있는 수준으로 경험하고 이해하는 것이 가능해진다고 했다. 공감은 적절하게 사회적으로 기능하는 데 필요한 오래된 기술이며[39] 적극적으로 도움을 주는 행동의 핵심이 되는 조망 수용 능력에서부터 시작한다.[40] 학교에서 공감을 가르치는 것이 더 중요한 이유는 공감적 시각이 사회적 편견을 감소시키는 데 효과가 있으며, 타인의 관점을 수용하는 것은 협력을 강화하기 때문이다.[41] 공감 능력이 뛰어난 학생들은 폭력이나 왕따에 가담할 가능성이 낮고, 일반적으로는 친사회적 행동을 보이는 것으로 나타났다. 또한, 공감 능력이 높은 학생은 대체로 폭력에 노출된 사람을 보호하기 위해 중재하는 경향이 있으며,[42] 청소년 범죄에 가담하는 비율도 낮은 것으로 나타났다.[43] 최근 신경과학자나 사회과학자들의 연구 역시 공감이 자비로운 행동을 이끌어 낸다는 관점을 뒷받침한다.[44]

한편, 공감이 뚜렷하게 자비를 향상시키는 것처럼 보이지 않는다고 주장하는 사람도 있다. 심리학자 폴 블룸(Paul Bloom)은 그의 저서 '공감에 반대한다: 합리적인 자비*Against Empathy: The Case for Rational Compassion*'를 통해 공감은 윤리적인 관점에서 보면 비이성적인 문제로 보일 때가 많다고 주장했다.[45] 그는 공감적인 반응은 한 명의 사람이나 한 마리의 동물이 고통 받고 있는 경우에 가장 강력하게 나타나는 경향이 있으며, 두 명 이상의 사람들로 확장되면 오히려 줄어든다는 것을 발견했다. 또한 공감은 자신이 속한 집단 구성원에게만

---

39 Davis, M. H. (1983). Measuring individual differences in empathy: Evidence for a multidimensional approach. Journal of Personality and Social Psychology, 44, 113−126.

40 Oswald, Patricia A., "The Effects of Cognitive and Affective Perspective Taking on Empathic Concern and Altruistic Helping." *The Journal of Social Psychology*, Vol. 136, Iss. 5, 1996

41 Johnson, David W., "Cooperativeness and Social Perspective Taking." *Journal of Personality and Social Psychology*. 1975, Vol. 31, No∼ 2, 241−244.

42 Eisenberg, Nancy, Spinrad, Tracy L., Morris, Amanda. *Empathy Related Responding in Children*. Handbook of Moral Development, ed. Killen, Melanie, Smetana, Judith G., Psychology Press, 2013. p.190−191.

43 Chandler, Michael J., "Egocentrism and antisocial behavior: The assessment and training of social perspective−taking skills." *Developmental Psychology*, Vol 9(3), Nov 1973, 326−332.

44 See for example, Singer, Tania and Lamm, Claus. "The social neuroscience of empathy." *The Year in Cognitive Neuroscience 2009*. Ann. N.Y. Acad. Sci. 1156: 81 - 96 (2009).

45 Bloom, Paul. *Against Empathy: The Case for Rational Compassion*. Ecco, 2016.

편향되는 성질을 가지고 있다고 주장했다.

    따라서 타인 자비의 역량을 공감을 통해 효과적으로 개발하기 위해서는 공평하고 편향되지 않은 방향으로 나아가야 하며, 자기 조절이나 자기 자비와 함께 가르쳐 공감적 고통을 느끼지 않도록 해야 한다. 자신과 매우 달라 보이는 사람들을 포함해 더 많은 사람들에게 동질감을 느끼는 것은 같은 집단에 소속되어 있는 사람에게만 보였던 제한적이고 불공평한 공감을 약화시킬 수 있다.[46] 이 교육과정 모형의 후반부에 살펴볼 시스템적 관점은 선천적으로 타고난 조망 수용 능력을 좀 더 넓게 확장하고 장기적인 시각으로 바라보도록 한다. 몇몇 심리학자들에 따르면, 타인의 관점을 수용하면 과도한 정서적 동일시가 일어나지 않아 공감적 고통이 줄어들고, 따라서 타인의 고통을 더 이상 외면하지 않게 된다고 한다.[47] 공감적 고통을 가지고 누군가의 아픔을 바라보면, 그 사람의 고통을 덜어주려는 마음보다는 자신의 불편함을 덜어내고자 하는 욕구가 먼저 생긴다. 따라서 타인이 아니라 자신을 위한 행동을 먼저 취하게 된다. 이러한 공감적 고통은 공감적 관심이나 자비와는 달리 자기 지향적인 성격을 띠는 것으로 우리가 지양해야 할 공감 유형이라 하겠다.

    타인의 관점을 수용하는 조망 수용 능력을 포괄적으로 확장하는 것은 학교나 조직을 성공적으로 이끌어 가도록 하며, 다양한 관계들을 잘 유지하도록 돕는다. 발달심리학자 캐럴린 사아니Carolyn Saarni는 성공적인 학습 환경을 조성하기 위해서는 학생들이 "상황을 파악하고 사람들의 신호를 분석해 타인의 감정을 인식하고 이해하는 기술"을 가져야 한다고 주장했다.[48] 자신이 속한 공동체 사회에 암묵적으로 어떤 편견이 생기고 있다면, 학생들과 함

---

46   Galinsky, Adam D., Moskowitz, Gordon B., "Perspective−Taking: Decreasing Stereotype Expression, Stereotype Accessibility, and In−Group Favoritism." *Journal of Personality and Social Psychology*. 2000, Vol. 78, No~ 4, 708−724.

47   Decety, Jean, an Lamm, Claus. "Human Empathy through the Lens of Neuroscience." *The Scientific World* JOURNAL. 2006, 6, 1146−1163.

48   Saarni, Carolyn. "The development of emotional competence: Pathways for helping children to become emotionally intelligent." *Educating people to be emotionally intelligent* (2007): 15−35.

께 그 편견이 가져오는 해로움에 대해 이야기할 수 있다. 이것이 이전에 배운 인간의 유사성과 보편성에 기초한 사회관계 기술과 결합되면 한쪽에 치우치지 않는 진정한 공감을 일으킬 것이다.

정리하면, 타인과 공감적으로 관계 맺는 것은 타인의 존재에 대한 민감성과 타인의 영향을 해석하는 능력, 그리고 타인의 관점과 상황을 이해하려는 노력과 의지를 필요로 한다. 교사는 이러한 관점을 배워 어떤 학생의 부적응 행동 뒤에 숨겨진 감정을 이해하고, 아이와 반 친구들에게 자신이 이해한 부분을 이야기하면서 소통할 수 있다. 학생들은 교사의 이러한 행동을 보고 배울 것이며, 이를 통해 행동과 행동의 주체를 구분하고, 변화를 만들 수 있는 성장의 공간을 형성할 것이다. 또한, 부적응 행동을 보인 아이가 친절한 행동이나 긍정적인 행동을 보일 때 행동의 변화에 초점을 맞춰 학생들에게 이야기하면 어떤 특정한 행동이 영원히 지속되는 것은 아니라는 것을 알려줄 수 있을 것이다. 행동의 주체를 행동과 분리하는 것은 자신과 타인을 위한 자비를 키우는 데 매우 중요하다. 이를 통해 학생들은 특정 행동이나 태도에 대해서는 비판적인 입장을 유지하면서, 자신이나 타인 등 사람 자체에 대해서는 긍정적인 시각을 유지할 수 있을 것이다.

연령에 적합한 이야기를 선택해 이에 대해 토론하는 것도 좋다. 이야기를 읽고 이에 대해 토론하는 것은 학생들에게 강압적이지 않고 자연스럽게 조망 수용 능력을 개발한다.[49] 공감을 기르는 효과적인 방법 중 하나가 이야기를 통해서 가르치는 것이라는 연구가 많이 있다. 특히 타인의 관점으로 바라보는 연습을 하고, 등장인물이 놓인 상황이나 그들의 정서 상태에 대해 생각해 보는 것이 도움이 된다.[50] 청소년기 학생들의 경우, 소설책을 읽으

---

49 Ornaghi, Veronica, Brockmeir, Jens, Grazzani, Ilaria. "Enhancing social cognition by training school children in emotion understanding: a primary school study." *Journal of Experimental Child Psychology* 2014, Vol. 119, 26 – 39.

50 See for example, several studies conducted by University of Toronto researcher Keith Oatley. Mar, Raymond A., Keith Oatley, and Jordan B. Peterson. "Exploring the link between reading fiction and empathy: Ruling out individual differences and examining outcomes." Communications 34.4 (2009): 407–428.

면서 등장인물의 내면에 대해 탐색하면 공감 능력을 향상시킬 수 있다.[51] 다른 연령대에서는 역할극을 해보는 것도 도움이 될 것이다.[52] 이러한 이유로 SEE Learning 교육과정에서는 학생들이 상황과 감정에 대해 상대방의 입장에서 안전한 방법으로 생각해 볼 수 있도록 이야기와 시나리오 등을 활용하고 있다. 그리고 반성적 활동을 통해 자신의 경험으로 만들 수 있도록 구성하고 있다.

공감적 관심과 염려가 개발되면, 자연스럽게 타인의 고통을 완화하려는 마음인 자비로 나아가게 된다. 진정한 자비는 학생들이 자신을 다른 사람을 도울 수 있는 힘을 가진 사람으로 느끼게 되는 건강하고 용감한 정서적 상태를 말한다.[53] 나약함이나 무기력, 혹은 맹목적인 친절은 자비가 아니다. 많은 과학적 연구들에서 모든 사람은 자비를 기를 수 있으며, 자비가 우리를 건강하고 행복하게 한다고 밝히고 있다. 타인을 위한 자비가 교실 전체와 가족, 그리고 지역사회로 확대되면 더 많은 혜택을 얻을 수 있을 것이다.

앞에서 설명했듯이, 학생들이 자신의 감정을 좀 더 넓은 맥락으로 연결해 내면의 욕구에서 비롯된 것이라는 것을 인식하게 되면 이러한 과정을 타인에게도 적용할 수 있다. 즉, 타인의 행동을 그들의 감정과 연결하고 그것을 다시 그들의 내면적 욕구와 연결하는 것이다. 이렇게 하면 타인의 행동과 정서적 반응의 이유를 좀 더 분명하게 이해할 수 있다. 학생들은 자신과 타인 사이에서 유사점을 발견하고, 타인에 대한 비현실적인 기대를 내려놓으며, 자기 수용을 키우는 연습을 타인에게로 확대하면서, 궁극적으로 용서까지도 연습하게 된다. SEE Learning에서 용서는 두 사람의 관계에서 발생하는 대인 관계적 행동이 아니라, 타인에 대한 화와 분노의 마음을 내려놓는 것을 의미한다. 용서는 감사나 자비와 같이 친사회적 행동을 도모하고 자신과 타인에게 도움이 된다는 점에서 자신을 위한 행동이

51 Chiate, Julian, "Novel Finding: Reading Literary Fiction Improves Empathy." *Scientific American*, October 4, 2013.

52 See for example, Varkey P, Chutka DS, and Lesnick TG. "The Aging Game: improving medical students' attitudes toward caring for the elderly." *J Am Med Dir* Assoc, 2006, 7(4):224−9.

53 Jinpa, Thupten, A Fearless Heart: *How the courage to be compassionate can transform our lives.* Avery, 2016.

나 '자신에게 주는 선물'로 인식될 수 있다. 여기서는 사례를 통해 용서에 대해 배울 것이다. 시련과 고난을 겪었지만 그 속에서 내면적 힘을 얻고 가해자를 용서한 사람들의 이야기를 통해 용서는 잘못된 행동을 눈감아 주고, 잊어버리고, 합리화하고, 그냥 넘어가는 것이 아니라 마음속에 있는 화를 해소하는 과정이며, 궁극적으로는 내면의 자유와 행복을 위한 것임을 알려줄 수 있을 것이다.

결과적으로, 이 요소에서 학생들은 친사회적 가치에 대해 배우고 이해하며, 감사와 용서, 공감적 관심과 염려, 그리고 자비에 대한 과학적 연구들을 살펴볼 것이다. 그리고 역사적 사건이나 현재 일어나고 있는 현상에서 찾은 이야기와 사례도 만나볼 것이다. 나아가, 명상 활동과 반성적 활동에 참여하면서 습득한 지식과 가치를 자신의 입장에서 탐색하고 내면화하면서 중요한 통찰을 얻게 될 것이다. 이러한 통찰이 가져오는 행동들은 다음 구성 요소에서 살펴보도록 하겠다.

사회관계 기술

우리의 행동이 공감, 자비, 이해에 기반을 두고 있다 할지라도, 어떤 상황에선 역효과를 가져 오기도 한다. 좋은 마음으로 한 행동이 의도치 않게 자신이나 다른 사람들을 힘들게 하는 경우가 생기기도 한다. 또, 긍정적인 방법으로 다른 사람과 상호작용하거나 상황에 개입하려 했지만, 관계를 다루는 기술이 부족해 성공적인 결과를 맺지 못할 수도 있다. 이것은 경험의 부족 때문에 생기는 것이다. 따라서 타인과 관계 맺는 법을 체화해 자기 것으로 만들 때까지 우리는 열심히 연습해야 한다. 이 사회관계 기술은 앞의 두 가지 구성 요소인 대인 관계 인식과 타인 자비가 함께할 때 최고의 결과를 만들 수 있다. 물론 타인과 친사회적 가치에 대한 알아차림이 없이도 갈등 해결 기술이나 의사소통 기술을 배울 수 있지만, 두 요소가 함께할 때 훨씬 더 강력한 교육적 효과를 발휘할 수 있다.

몇몇 연구들에 따르면, 장기적인 행복은 자신에게 해로운 관계를 인식하고 빠르게 종

교육과정 영역: 사회관계	구성 요소: 사회관계 기술
교육과정 차원: 실천	

사회관계 기술

강화되는 역량

1 **공감적 경청**
다른 사람들과 그들의 욕구를 잘 이해하기 위해 주의 깊게 듣기

2 **성숙한 의사소통**
자신과 다른 사람들에게 힘을 주도록 자비롭게 대화하기

3 **도움 주기**
다른 사람들이 도움을 필요로 할 때 자신의 능력에 맞춰 도와주기

4 **갈등 전환**
갈등에 건설적으로 반응하고 협력, 화해, 평화적인 관계 형성하기

결하는 능력과 긍정적인 관계를 형성하고 의미 있게 유지하는 능력에 달려있다고 한다.[54] 학교 환경에서도 예외는 아닐 것이다. 교육과정은 사회적 과정의 중심에 있고, 학생들이 어떻게 교사나 친구들과 관계를 맺고 소통하는지에 의해 학습이 촉진되거나 지연될 수 있다.[55] 사회적인 역량을 개발하는 데 실패한 학생들은 학교를 중퇴하는 경향이 높으며, 학업 성취에 있어서도 어려움을 겪는 것으로 나타났다. 또한 우울이나 공격과 같은 심리적

54 Vaillant, GE. *Aging Well: Surprising Guideposts to a Happier Life from the Landmark Harvard Study of Adult Development* (Little, Brown and Company, Boston) 2002.

55 Elias, Maurice J., Sarah J. Parker, V. Megan Kash, Roger P. Weissberg, and Mary Utne O'Brien. "Social and emotional learning, moral education, and character education: A comparative analysis and a view toward convergence." *Handbook of Moral and Character Education* (2008): 248-266.

인 문제나 행동적인 문제도 일으키는 것으로 나타났다.[56]

　개인적인 생활과 학업적인 생활 모두에서 성공하기 위해서는 자기 조절 능력과 조망 수용 능력을 사회관계 기술과 통합하는 것이 필요하다. 사회적 역량은 무언가를 금지하는 규칙이나 과정을 묵묵히 따르도록 억압하면서 가르칠 때보다 다양한 기술을 사용해 서로 돕는 환경을 만들 때 가장 잘 개발될 수 있다. 이를 위해서는 확실한 설명이 필요하고, 이에 대해 토론하는 장이 마련되어야 한다. 또한, 교사가 모범적인 행동을 보여 주고, 역할극과 연습을 하면서 피드백을 제공해야 한다. 이러한 과정을 통해 학생들은 긍정적인 행동을 강화할 수 있을 것이다.

　사회관계 기술 요소는 네 개의 주제를 가지는데, 각각은 다양한 대인 관계 기술을 개발하는 것을 다룬다. 이 주제들은 바로 *공감적 경청, 성숙한 의사소통, 도움 주기, 갈등 전환*이다. *공감적 경청*과 *성숙한 의사소통*은 다른 사람의 말을 경청하고 소통하는 방식에 초점을 둔다. 세 번째 주제인 도움 주기는 의사소통에서 벗어나 실제로 도와주는 기술을 다룬다. 마지막으로 네 번째 주제인 갈등 전환은 자신과 타인이 연루되어 있는 갈등을 효과적으로 다루고 해결하는 기술을 알려준다.

　*공감적 경청*은 다른 사람이 말을 할 때 그들의 관점이 나와 다르더라도 자신의 감정적 반응에 방해 받지 않으면서 보편적 인간성에 대해 이해한 후 타인에 대한 존중과 이해를 바탕으로 열린 마음을 갖고 듣는 것을 말한다. **SEE Learning**에서 공감적 경청은 '깨어있는 대화mindful dialogues'를 통해 길러질 수 있다. 이 활동에서 학생들은 두 명씩 짝을 지어 주어진 몇 분 동안 화자와 청자가 될 것이다. 한 사람은 이야기를 하고 다른 한 사람은 자신의 생각과 판단을 내려놓고 오로지 그 사람이 하는 말을 듣는다. 앞에서 살펴본 바와 같이 공감적으로 경청하는 기술은 다른 사람과 공유하고 있는 현실을 인식하고 다양성과 차이를 인

56　Gresham, Frank M., Van, Mai Bo, Cook, Clayton R. "Social skills training for teaching replacement behaviors: remediating acquisition deficits in at-risk students." *Behavioral Disorders*, August 2006. Vol. 31 (4), 363 – 377.

정하며, 다른 사람의 감정을 문맥 안에서 이해하는 것을 통해 개발되고 실현되며 강화될 수 있다. 이상적인 공감적 경청은 화자가 말하고 있는 표면적인 내용뿐 아니라 문맥 안에서의 내면적 욕구나 열망에도 주의를 기울이는 것을 말한다. 이러한 공감적 경청을 통해 화자를 더 잘 이해할 수 있을 것이다.

공감적 경청은 *성숙한 의사*소통에서 갖추어야 할 가장 중요한 요소 중 하나로 자신이나 타인과 소통할 때 배려심을 가지고 힘을 주는 방식으로 접근하면 효과적으로 완성될 수 있다. '힘을 주는 의사소통'은 내면의 가치를 반영해 겸손하지만 자신 있게 이야기하면서 자신을 대변하지 못하는 사람들에게 힘을 주는 능력을 말한다. 토론은 힘을 주는 의사소통과 비판적 사고를 함께 길러주는데 매우 효과적이다. 학생들은 그룹을 지어 반대편 입장까지도 고려하면서 특정한 문제에 대해 다양한 입장에서 살펴볼 수 있다. 일반적으로 자신의 의견에 반대하는 사람을 비합리적이라고 생각하거나 논쟁할 가치가 없다고 무시하는 시각을 가질 수 있기 때문에, 이러한 연습을 통해 지적 겸손, 지적 호기심, 공감, 그리고 보편적 인간성에 대한 이해를 기를 수 있을 것이다.

공감적 경청과 타인과의 의사소통에 관해서는 자비로운 소통으로도 알려진 비폭력 대화를 참고했다. 비폭력 대화는 학생들이 갈등을 긍정적으로 해결할 수 있는 환경을 만들고, 자신의 생각을 솔직하게 표현하도록 돕는 프로그램이다. 비폭력 대화는 모든 사람은 자비를 가지고 있으며, 우리가 살고 있는 문화에 의해 신체적, 언어적 습관이 잘못 형성될 수 있다는 신념에 근거하고 있다. 따라서 학생들이 공감하면서 경청하고 말하며, 보편적인 인간성과 상호의존성을 이해하면서 타인의 의도를 확인할 수 있도록 도와준다.[57] 이러한 비폭력 대화의 기술들이 SEE Learning 교육과정안에 녹아있다.

경청하는 것과 의사소통을 잘 하는 것은 기본적으로 중요한 기술이지만, 경청과 의사

---

57 Rosenberg, Marshall B. *Non-Violent Communication, A Language of Life: Life-Changing Tools for Healthy Relationships.* Puddle Dancer Press, (1 September 2003)

소통만으로는 우리가 서로를 도울 수 있는 방법을 다 설명하기 어렵다. *도와주기*는 다른 사람의 필요에 적합하고 자신의 능력에 맞는 방법으로 소통하거나, 그 이상으로 타인을 도와줄 수 있는 다양한 방법에 대해 탐색한다. 많은 학교에서 지역사회에 참여해 자원 봉사를 하거나 '친절 베풀기' 프로젝트 등을 진행하고 있다. 점점 더 많은 연구들이 도움을 받는 것보다 도움을 주는 것이 우리의 행복도를 높여준다고 보고하고 있으며, 이렇게 누군가를 놉는 것은 낮은 연령의 아이들도 연습하고 기를 수 있다고 보고 한다. 다른 사람을 돕는 방법은 셀 수 없이 많다. SEE Learning에서는 학생들이 다른 사람에게 도움을 주는 실천적 행동을 어른이 시켜서 단순히 따라야 하는 명령으로 생각하지 않도록 할 것이다. 대신, 친구들이나 선생님, 가족들을 도와주는 행위가 어떤 의미와 가치를 지니는지에 대해 탐구하고, 실천의 구체적인 방법에 대해 토론하면서 스스로 습득하도록 할 것이다. 다른 사람을 돕는 활동을 진행할 때에는 그 과정을 돌아보는 시간을 갖는 것이 중요하다. 따라서 이 시간에는 도움을 주면서 들었던 느낌과 배운 점, 그리고 앞으로의 발전 방향이나 도움을 받은 사람에 대한 영향력 등에 대해 생각해볼 것이다. 학생들은 단기적인 혜택을 주는 것에서 더 나아가 장기적인 행복을 줄 수 있는 지원 방식에 대해서도 탐구할 것이다.

이 요소의 마지막 주제는 *갈등 전환*이다. 성인이 되어 사회에서 살아가면서 피할 수 없는 것이 갈등이기 때문에 학생들도 언젠가는 갈등을 마주하게 된다. 갈등은 그 자체만으로는 꼭 나쁘다고 할 수 없으며, 자신과 타인을 위해 갈등을 잘 다루는 것은 반드시 필요한 기술이라고 할 수 있다. 일부 프로그램은 갈등 해결에 초점을 두지만, SEE Learning에서는 '갈등 전환'이라는 용어를 사용할 것이다. 여기서는 갈등을 해결하는 것을 갈등 전환의 과정 중 하나로 보고, 상황과 관계를 전환해 자신과 타인의 행복을 증진시키는 방향에 대해 모색하고 교육하는 것을 목적으로 한다. 따라서 갈등 전환은 갈등에 건설적으로 대응하면서, 협력과 화해, 평화로운 관계를 촉진하는 능력이라 하겠다.

SEE Learning에서는 갈등 해결과 갈등 전환을 위해 다양한 활동을 교육과정 모형에 통합해 제시하고 있다. 이러한 과정을 통해 내면의 평화는 외부 세계의 평화의 토대가 될 것이며, 내적 화합은 외부 세계의 화합과 연결될 것이다. 그리고 갈등을 성공적으로 전환할 수 있게 될 것이다. 갈등 전환은 겸손, 공감, 자비, 용서, 공정, 공동체 의식, 다름에 대한 이해, 공감적 경청, 그리고 숙련된 의사소통 기술과 같은 친사회적 요소들에 의해 촉진된다. 이러한 가치와 기술이 부족하다고 해서 갈등 전환이 불가능하진 않겠지만, 갈등을 해결하는 것이 어려워질 수는 있다. 갈등 전환이 일어나면 갈등과 연계된 많은 사람에게 변화를 가져올 수 있다.

사회 정서 학습에서 사용되는 대인관계기술, 의사소통기술, 사회적 문제해결기술 등을 확인하면서 갈등 전환 요소를 살펴볼 수도 있다. 대인관계기술은 협력과 정직, 신뢰감과 인내, 친절과 융통성 등에 가치를 두고 이를 실행하는 것이며, 과도한 편향 없이 타인과 관계를 맺고 공유하는 능력을 말한다. 의사소통기술은 타인이 주는 사회적 신호를 해석하고 존중하며, 자세, 목소리, 손짓, 얼굴 표정 등 비언어적인 소통 방법을 이해하는 능력을 말한다. 또한, 자신의 느낌이나 바람을 명확하고 침착하게 긍정적으로 표현하고, 상대방에게 배우려는 열린 마음을 갖고 경청하는 것을 말한다. 사회적 문제해결기술은 결과를 예측하고 대응을 미리 준비하며, 갈등을 적절하게 해결하고, 잘못된 행동에는 책임을 지며, 자신의 실수는 사과하고, 타인의 실수는 용서하며, 이런 과정을 통해 배우는 것을 말한다. 또한, 부적절한 사회적 압력에는 저항하고, 필요할 때는 도움을 요청하는 능력도 포함한다. SEE Learning 교육과정에서는 이 모든 기술을 다루고 있다.

SEE Learning에서 중요한 것은 사회관계 기술이 타인에게 항상 친절과 공감으로 대하려는 자비의 마음과 연결되는 것이다. 이렇게 보면, 사회적 기술은 도구가 아니라, 타인에 대한 관심과 염려, 그리고 이해를 기르면서 자연스럽게 생성되는 하나의 결과인 듯하다.

6장

시스템 영역

자신의 행동과 타인의 행동을 이해할 수 있는 것처럼 우리는 시스템이 작동하는 방식을 이해하는 능력도 선천적으로 가지고 태어났다. 알아차림이 깊어지고 복잡한 맥락에 대해 비판적으로 사고하면 인간관계와 인성적 실천에 대해 더욱 포괄적이고 실용적으로 접근하게 된다. 어떤 활동에 참여하고자 하는 자비로운 마음은 더 넓은 범위에서 실제적이고 장기적으로 도움이 되고 있다는 것을 확인하면서 강화된다. 이렇게 참여와 실천을 강화하면 문제를 조각조각 해체시키고 분리해 해결하려는 습관에서 벗어나 총체적인 과정을 통해 문제를 해결할 수 있다.

시스템적 사고systems thinking는 우리가 '시스템'이라고 부르는 것들의 일부에만 적용되는 것이 아니라 물리적 대상이나 과정, 또는 사건을 비롯해 모든 것들에 적용될 수 있는 사고방식이다. 이는 시스템적 사고가 특정 현상에만 적용되는 사고방식이 아니라, 사고에 대한 하나의 접근법이기 때문에 가능한 것이다. 시스템적 사고가 갖는 독특한 특징은 대상을 고립되고 정적인 실체가 아닌, 맥락 속에서 상호작용하는 역동적인 실체로 본다는 것이다. 즉, 더 크고 복잡한 전체 안에 있는 상호의존적인 부분으로 접근하는 것이다.

존재하는 어떤 것은 외부와 단절되어 홀로 존재하는 것이 아니라 맥락 속에 있으며, 여러 원인과 조건에 의해 발생된다. 또한 그 대상이나 사건 안에 다른 대상이나 과정이 포함되어 있다. 이런 점에서, 어떤 대상이나 사건은 그 자체로 하나의 시스템이라 할 수 있다. 학생들이 이와 같이 맥락을 더 깊고 넓게 이해하면서 이 맥락들과 자신의 관심 대상이 어떻게 연관되어 있는지, 그리고 서로에게 어떤 영향을 미치고 있는지를 이해하면, 그들은 이미 시스템적 사고과정을 실행하고 있다고 볼 수 있다. 이후 더 많은 대상이나 사건에 동일한 분석 방법을 적용하면, 더 넓은 시스템에 대한 인식을 개발하게 된다. 이렇게 되면, 시스템의 구성 요소들이 상호작용하면서 단순한 부분의 합 이상의 결과를 도출하고, 시스템이 가진 새로운 속성들을 보게 될 것이다. 예를 들어, 두 사람이 각자 따로 일하고 나중에 아이디어를 결합해서 나오는 결과보다 아이디어를 공유했을 때 훨씬 더 큰 성과를 낼 수 있는 것과 같은 것이다. 고등 교육을 받고 있는 학생들에게는 양자물리학과 같은 분야의 과학적 연구가 우리가 사는 세계가 얼마나 상호의존적인지, 그리고 현실이 단순한 생각과는 달리 얼마나 직관적인지를 효과적으로 보여줄 것이다. 이보다 쉬운 방법으로 생태교육이나 환경 연구를 통해 시스템의 상호의존적이고 복잡한 역학관계를 손쉽게 알려 줄 수도 있다.

이러한 사고 과정에 의도적으로 참여하고 이 사고 과정을 더욱 능숙하게 처리하도록 돕는 것이 SEE Learning에 *시스템*적 사고를 포함시킨 이유다. 이러한 접근방식은 지적 겸손에 대한 통찰을 가져오고, 대화와 소통의 가치를 알게 하며, 일반적인 사고를 뛰어넘어 복합성에 대해 이해하게 한다. 앞에서 설명한 두 영역과 마찬가지로 학생들은 더 깊은 알아차림을 개발하고, 친사회적 가치와 관련된 비판적 사고를 수행하며, 실천적 참여를 통해 원하는 결과를 얻는 방법을 탐구할 것이다. 이를 위해 SEE Learning의 세 번째 영역은 *상호의존성에 대한 이해, 보편적 인간성에 대한 깨달음, 지역사회 참여 및 국제적 참여*라는 세 가지 주제를 통해 접근할 것이다.

상호의존성에 대한 이해

상호의존성은 사물이나 사건이 맥락 밖에서 존재하거나 일어나는 것이 아니라, 다른 여러 사물과 사건에 의존해서 존재하고 있다고 보는 것이다. 우리가 매일 먹는 음식의 예를

교육과정 영역: 시스템	구성 요소: 상호의존성에 대한 이해
교육과정 차원: 알아차림	

상호의존성에 대한 이해

강화되는 역량

1 **상호의존적 체계에 대한 이해**
세계의 상호연결성과 시스템적 사고방식 이해하기

2 **총체적 맥락 속에서의 우리**
모든 사람이 시스템 속에 존재하는 방식과 시스템에
영향을 주고받는 방식 이해하기

보더라도 그 음식이 매우 다양한 공급자와 다양한 장소가 있었기 때문에 이곳에 오게 된 것이라는 것을 볼 수 있다. 상호의존성은 한 장소의 변화가 다른 장소에의 변화로 이어진다는 것도 의미한다. 모든 것은 다양한 원인과 조건에 의해 발생하고 있다.

대니얼 골먼 박사와 피터 센지 박사가 *The Triple Focus*에서 설명했듯이, 상호의존성은 "내가 어떤 행동을 했을 때 나올 결과에 대한 통찰과, 이 통찰을 이용해 시스템을 더 나은 방향으로 개선할 방법에 대한 모색의 역학관계를 분석하는 것"[58]이다. 이 접근방식의 목적은 시스템이 어떻게 작동하는지에 대한 메마른 이해를 증가시키는 것이 아니라 이 지식을 자신과 타인, 그리고 세계에 대한 관심으로 연결시키는 것이라 할 수 있다.

따라서 이 구성 요소는 '상호의존적 체계에 대한 이해'와 '총체적 맥락 속에서의 우리'라는 두 가지 주제로 탐구된다. 첫 번째 주제는 '내면'과 '타인'에 대한 초점을 더 넓은 시스템상의 '외부'로 옮겨준다. 즉, 인과 관계와 같은 상호의존성과 시스템의 법칙에 대해 이해할 수 있도록 학생들을 이끄는 것이다. 두 번째 주제는 자신의 존재와 타인의 존재가 지역

---

58 Goleman and Senge, *The Triple Focus*.

사회 내에, 그리고 전 세계에 존재하거나 일어나고 있는 엄청나게 다양한 사건이나 원인, 그리고 사람들과 얼마나 복잡하게 얽혀있는 지를 깨닫고 이 지식을 자기 것으로 만드는 과정을 다룬다. 이는 표면적으로 상관없어 보이는 다른 사건들이 어떻게 자신의 행복에 영향을 미치는지, 그리고 자신이 어떤 활동에 참여하는 것이 어떻게 상관없어 보이는 타인에게 영향을 주고 때때로 의도하지 않은 결과를 낳게 되는지에 대한 깨달음을 얻게 할 것이다. 종합하면, 이 두 가지 주제를 통해 학생들은 상호의존적인 시스템을 이해하고 그 지식을 의미 있게 사용하고 적용하는 기술을 발달시킬 것이다.

상호의존성은 자연법칙이자 우리 삶의 근본적인 실재다. 우리는 음식이나 물, 그리고 집과 같이 우리에게 필요한 물품을 제공하기 위해 일하는 무수히 많은 사람의 지원 없이는 그 누구도 행복해지거나 삶을 이어갈 수 없다. 이뿐만 아니라, 교육이나 법을 집행하는 사람들, 정부, 농업, 교통, 의료보건 등을 책임지는 기관들의 지원 없이도 삶을 이어나가기가 힘들다. 상호의존성은 한 사람이 타인에게 의지해 살아가게 되는 탄생 이전부터 시작되었다고 볼 수 있다. 더욱이, 상호의존성은 폭넓은 행동을 효과적으로 취하기 위해서도 필요하다. 현대 사회에서 이 같은 사실에 더욱 주목해야 되는 이유는 앤서니 기든스Anthony Giddens가 이야기한 "작은 지역에서 일어난 사건이 수십 킬로미터 떨어진 곳에서 일어난 사건들에 영향을 받는 것과 같이 서로 떨어져 있는 현상들이 연결되는 전 세계적 사회관계의 강화"가 일어나고 있기 때문이다.[59] 2007년부터 2009년 사이에 일어난 세계적 경기침체, 심각해지는 기후 변화, 세계 각지에서 일어나는 갈등과 폭력 등과 같이 우리 모두가 알고 있는 큰 문제들은 전 세계의 경제적, 생태적 상호의존성을 잘 보여준다.

과거 전통 사회에서는 타인과의 유대감이 일상생활에 깊이 자리하고 있었다. 이때에는 자원의 공유와 교환, 그리고 다른 형태의 사회적 협력에 참여하는 것이 생존을 좌우하곤 했다. 이웃들은 무리를 지어 함께 농작물을 수확했고, 필요한 건물이 있으면 함께 지었으며,

---

59 Giddens, Anthony. *The Consequences of Modernity*. Stanford University Press; 1 edition (March 1, 1991)

약탈자에 맞서 함께 싸웠고, 힘을 합쳐 자연 현상에 대처했다. 그리고 '지역사회의 일부에 도움이 되거나 해가 되는 것은 전체에도 영향을 미친다'는 말에 대한 암묵적인 동의가 의사 결정이나 행동을 결정하는 데 지침이 되었다.

그러나 산업혁명 이후, 사람들은 경제적 신분 상승을 위해 이곳저곳으로 이동하게 되었고, 공동체와는 멀어지게 되면서 독립에 대한 환상이 생겨났다. 성인이 되면 우리가 타인에게 의존하고 있다는 것이 전처럼 뚜렷하게 보이지 않기 때문에 타인은 더 이상 필요한 존재가 아니라고 쉽게 생각하게 된다. 이러한 잘못된 자만은 심리적, 사회적 고립감을 증가시켰는데, 이는 교도소 독방 실험에서도 밝혀졌듯이 인간에게 굉장히 파괴적인 경험이 될 수 있다. 인간은 생존과 심리적 안녕이 타인과의 관계에 의해 결정되는, 매우 사회적인 동물이다. 실례로, 외로움이 흡연이나 비만과 같이 건강 상태를 악화시키는 주요 요인이 될 수 있다는 연구가 많이 발표되고 있다.

학생들이 상호의존적인 체계를 제대로 이해하기 위해서는 개인적으로 의미를 부여할 수 있도록 이론뿐 아니라 충분한 실습 시간과 다양한 자료를 제공하는 것이 필요하다. 이러한 충분한 자료를 통해 *총체적 맥락 속에서의 우리*라는 뜻을 잘 이해하게 될 것이다. 따라서 SEE Learning에서는 타인과의 관계와 그 관계들의 복합성을 강조하는 방식으로 상호의존성을 탐구하면서 자신과 타인이 연결되어 있지 않고, 더 큰 시스템에서도 어느 정도 독립된 상태라고 잘못 생각하고 있는 사고방식에 대응하도록 할 것이다. 그렇다고 인간이 다른 동물이나 다른 생명체, 또는 지구 전체와 연결되어 있다는 것을 무시하거나 외면하는 것은 아니다. 이와 같은 알아차림은 매우 중요한 것으로 이에 대한 내용은 이 구성요소 안에 이미 포함되어 있다. 그러나 자신이 다른 사람들과 아주 깊게 연결되어 있다는 것과 이 상호적인 연결을 통해 자신에게 많은 혜택이 돌아온다는 것을 깨닫는 것은 굉장히 의미 있는 일이기 때문에 이에 대해 좀 더 초점을 맞출 것이다. 이러한 깨달음의 결과는 다음과 같이 세 가지로 나타날 수 있다. 첫째, 시스템적 수준에서 타인에 대해 감사하는 마음이 커진다. 둘째, 우리가 서로 연결되어 있기 때문에 타인의 삶에 영향을 줄 수 있는 가능성이 있다는 것을 알아차리게 된다. 셋째, 더 많은 사람의 행복을 위해, 그리고 무수한 사람들로 이루어진 연결망으로부터 받은 친절에 보답하기 위해 어떤 행동을 취하고자 하는 열망이 커지게된다. 이러한 결과가 *보편적 인간성에 대한 깨달음*의 핵심에서 얻은 중요한 통찰들과 연결되면, 타인의 행복에 대한 책임감이 커지고, 그들을 대신해 행동하기 위한 창의적인 방법을모색하게 될 것이다. 그리고 자연스럽게 *지역사회 참여 및 국제적 참여*로 나아갈 것이다.

이 과정은 피상적인 방식을 통해서가 아니라 타인에게 직접적으로 관심을 기울이는 방법을 배우면서 시작된다. 이것은 "자신의 활동에 대한 맥락을 제공하는 다른 사람들의 활동에 대한 이해"[60]의 과정으로 볼 수 있다. 다시 말해 학생들은 자신의 행동이 다른 사람에게 영향을 주고, 다른 사람들의 행동도 자신에게 영향을 미치고 있다는 사실을 깨닫게 될것이다. 이러한 깨달음을 통해 다른 사람들이 자신의 행복에 기여하고 있는 다양한 모습을인지할 수 있을 것이며, 긍정적인 정서적 유대감을 형성하면서 감사한 마음을 깊이 느끼게될 것이다.[61] 이때 다른 사람들이 자신의 행복에 기여하고 있는 부분들을 분명하게, 그리고반복적으로 이야기해주면 그 효과가 강화될 수 있다.[62] 이러한 내용은 사회관계 영역에서다루는 내용과는 구별되는 것으로, 여기서는 자신이 알지 못하는 사람이나 지역사회, 그리고 시스템까지도 포함해 더 확장된 범위로 나아가게 할 것이다.

대인 관계 인식을 배우고 나서 자연스럽게 상호의존성에 대한 이해로 이어지게 되는데, 이는 SEE Learning의 구성 요소들이 서로 잘 연결되어 있으며 서로를 강화시킨다는 것을 보여준다. 학생들은 수많은 사람의 도움 없이는 그 누구도 번영을 누릴 수 없으며, 심지

60   Dourish, P. and Bly, S., (1992), Portholes: Supporting awareness in a distributed work group, Proceedings of ACM CHI 1992, 541-547

61   Adler, Mitchel G. and Fagley, N. S. "Appreciation: Individual Differences in Finding Value and Meaning as a Unique Predictor of Subjective Well-Being." *Journal of Personality*, February, 2005. Vol. 73, No. 1, p.79-114.

62   Algoe, Sarah B., Haidt, Jonathan, Gable, Shelly L. "Beyond Reciprocity: Gratitude and relationships in everyday life." *Emotion*. 2008 Jun; 8(3): 425-429. Algoe, Sarah B., Fredrickson, BL, Gable, Shelly L. "The social functions of the emotion of gratitude via expression." *Emotion*. 2013 Aug;13(4):605-9.

어는 생존조차 할 수 없다는 것을 이해하면서 타인에 대한 진정한 이해를 키울 것이다. 어린 아이들의 경우 부모나 교사, 의사, 간호사와 같이 자신이 직접적으로 도움을 받고 있는 사람들에 대해서 이야기 나누면 이러한 부분들을 쉽게 깨달을 수 있다. 어려운 상황에 놓여 있는 아이들이라면, 다른 사람들로 인해 실망했거나 심지어 해를 입었음에도 불구하고 실제로는 어떤 식으로든 자신을 도와준 사람들(친구, 형제자매, 직계가족이 아닌 다른 성인 등)이 있다는 사실을 알 수 있도록 추가적인 도움을 제공하는 것이 필요하다. 이러한 상호의존성에 대한 깨달음은 점차 소방관이나 환경미화원과 같이 우리 삶을 좀 더 안전하고 편안하게 지켜주는, 개인적으로는 알지 못하지만 고마운 분들에게 확대될 수 있다. 그리고 시간이 지나고 연습이 쌓이면 불편한 관계에 있거나 자주 논쟁을 벌이는 사람들까지도 이해의 대상에 포함시킬 수 있다. 학생들은 조금씩 사이가 안 좋은 사람들도 자신에게 혜택을 줄 수 있다는 것을 깨닫게 될 것이다. 가혹한 비판에도 도움이 되는 조언이 있었다는 것을 알게 되거나, 부당한 일을 겪은 경험 때문에 타인을 돕고자 하는 마음이 생겼다는 것을 깨달으면서 그들에게서도 무언가 도움을 받고 있었다는 사실을 인식할 것이다. 타인 자비와 같이 이전에 살펴본 구성 요소에도 분명히 다른 사람들이 우리를 돕는 방식을 이해하는 탐구 과정이 있지만, 여기서는 시스템적 사고에 대해 더 많은 전문적인 지식을 배우면서 이해 범위를 시스템으로 확장하고, 그 안에 있는 미묘한 문제들까지 더욱 구체적으로 탐구할 것이다. 이러한 이해가 심화되면 다른 사람들이 우리에게 직접적으로 제공하는 도움을 알게 될 뿐 아니라 상호의존성이라는 거대한 연결망 안에서 우리의 존재를 조명하게 될 것이다. 그리고 자연스럽게 *보편적 인간성에 대한* 깨달음으로 나아갈 것이다.

학생들이 상호의존성에 대한 초반부의 설명을 잘 이해하지 못할 수도 있고, 감사함이나 이타심이 만드는 강력한 정서적 반응을 경험하지 못할 수도 있다. 하지만, 이 교육과정 개발모형에서 제시한 지식을 습득하는 3단계는 시간이 지나면서 학생들이 어떻게 발달해 나갈지를 잘 보여준다. 처음에 학생들은 상호의존적인 현상을 다양한 시각에서 바라보면서 개인적 경험과 연결시켜 생각해보는 시간을 가질 것이다. 이것은 문학, 경제, 생물, 수학, 심리, 역사 등과 같은 다양한 교과목이나 교수학습 기술들을 통해 이루어질 수 있다. 다양한 관점에서 상호의존성을 검토한 후 학생들은 상호연결성에 대한 이해를 확고히 할 것이며, 이러한 이해는 타인과 관계를 맺는 방식에 영향을 줄 것이다. 다른 사람들(심지어 낯선 사람들)에게 다가가거나 다른 사람이 자신에게 다가올 때 그들이 가진 인성과 내면적 가치에 대해 더 크게 알아차릴 수 있을 것이며, 그것이 상호작용의 방식을 결정할 것이다. 그리고 복잡한 시스템의 역동적이고 상호연결된 본질에 대해 알아차리면서 자신의 삶을 뒷받침해주는 사람들로 이루어진 거대한 연결망 안에서 모두가 제각기 자신의 역할을 다하고 있다는 사실을 명확하게 보게 될 것이다. 이와 함께 호혜주의 정서도 발달할 것이다. 학생들은 한 사람이 다른 사람에게 어떻게 혜택을 줄 수 있는지 이해하기 전에 자신이 어떤 것이든 혜택을 받고 있다는 사실을 먼저 받아들여야 한다. 이러한 알아차림이 커지면 서로에게 이익이 되는 관계의 본질을 깨달으면서 호혜적인 관계를 점점 더 길게 유지할 수 있을 것이며, 편협한 자기중심적 사고나 경쟁적인 시각에서 벗어나 상호적이고 유익한 관계를 생각하게 될 것이다.

타인과의 유대감이 커지면 타인을 기쁘게 하려는 마음이 생겨나고, 사회적 고립(외로움)과는 반대 방향으로 나아가게 된다. 이렇게 되면, 타인이 이룬 성취에도 자신이 이룬 것처럼 기뻐하게 될 것이며, 질투나 시기, 타인과의 비현실적인 비교나 가혹한 자기비판이 줄어들 것이다.

보편적 인간성에 대한 깨달음

상호의존성에 대한 이해가 사회관계 영역에서 담당하는 공감적 관심과 함께 길러지면 우리가 서로 어떻게 연결되어 있는지를 깨닫게 됨과 동시에 타인에 대한 더 큰 관심과 염려를 갖게 된다. 그리고 이것은 보편적 인간성에 대한 깨달음이 명확해질수록 더욱 강화되고 확장되고 보강된다. 개인적 영역에서 학생들은 정서적 인식과 자기 자비를 발달시키기 위해 자신의 감정을 내면적 욕구와 같은 넓은 맥락과 연결시키면서 비판적 사고 과정에 참여했다. 사회관계 영역에서는 감사, 공감적 관심, 타인에 대한 자비

교육과정 영역: 시스템	구성 요소: 보편적 인간성에 대한 깨달음
교육과정 차원: 자비	

강화되는 역량

보편적 인간성에 대한 깨달음

1   **모든 사람의 본질적 평등에 대해 이해하기**
가장 기본적인 평등과 보편적 인간성에 대한 깨달음
을 자신이 속한 공동체로 확장하고, 궁극적으로 전 세
계에 적용하기

2   **시스템이 행복에 미치는 영향 이해하기**
긍정적 가치를 높이거나 문제적 신념과 불평등을 영
속시키는 것과 같이 시스템이 문화적, 구조적 수준에
서 행복을 증진시키거나 손상시키는 방법 인식하기

와 같은 친사회적 능력을 발달시키기 위해 타인의 감정을 그들의 욕구와 같은 넓은 맥
락으로 연결하는 사고 과정에 참여했다. 이 장에서 학생들은 앞서 배운 것을 더욱 확
대해 나갈 것이다. 여기서는 비판적 사고과정을 통해 모든 사람들이 삶 속에, 그리고
마음속에 본질적으로 가지고 있는 공통적인 특징을 살펴보고, 자신과 멀리 떨어져 있
는 사람이나 자신의 친구나 가족과 연계가 없어 보이는 사람들에게도 감사하는 마음
과 공감적 관심을 기르고 자비롭게 대할 수 있다는 것을 배울 것이다. 이 구성 요소는
'모든 사람의 본질적 평등에 대한 이해'와 '시스템이 행복에 미치는 영향에 대한 이해' 두
가지로 나뉜다.

'모든 사람의 본질적 평등에 대해 이해하기'는 기본적 평등과 보편적 인간성에 대한 깨
달음을 학생들이 속한 공동체 밖에 있는 사람들에게, 그리고 궁극적으로는 전 세계에 있는
사람들에게 확장시킨다. 이러한 깨달음의 확장은 행복과 안녕을 원하고 고통은 피하고자
하는 인간의 본질적 염원과 같이 세계 모든 사람이 공통적으로 가지고 있는 보편성에 주의
를 기울이고 집중하면서 이루어질 수 있다. 이를 통해 우리가 속해 있는 공동체 밖에 존재

하는 타인들과 동질감을 느끼게 될 것이며, 더 나아가서는 멀리 떨어져 있거나, 자신과는 확연히 다르다고 생각하는, 또는 아무 상관도 없다고 생각하는 사람들의 욕구를 외면하거나 편견 어린 시선으로 바라보았던 습관을 줄여갈 것이다.

지금까지 발표된 연구에 따르면, 자신이 소속된 공동체 너머로 마음을 베풀고 도움을 주면(예: 자원봉사, 도움이 필요한 사람들 돕기, 가치 있는 일에 참여하기) 혈압이 안정되고 질병이 감소하는 등 신체적인 건강이 좋아진다고 한다. 이 연구 결과는 노인이나 만성 질환을 가진 사람들에게도 해당된다. 미국 하버드대 경영대학원에서는 자기 자신보다 타인을 위해 돈을 쓸 때 더 행복해진다는 것을 발견했으며, 국립보건원NIH에서는 자선단체에 기부할 때 뇌에서 기쁨과 사회적 소속감을 관장하는 영역이 활성화되는 것도 발견했다.[63]

프란스 드 발 박사는 자신의 저서 '공감의 시대The Age of Empathy'에서 카푸친 원숭이 실험을 통해 친사회적 성향을 설명한다. 이 실험에서 원숭이는 혼자 보상을 받는 것과 자신도 보상을 받고 다른 원숭이도 보상을 받는 것의 두 가지 선택권을 갖게 되었는데, 대부분의 원숭이는 친사회적 결과를 선택했다. 그러나 함께 보상을 받는 원숭이가 낯선 원숭이일 때는 자기만 이익을 얻는 이기적인 선택을 했다.[64] 생존에 필요한 생물학적 친절이 대개 가까운 집단의 사람들에게만 베풀어진다는 점은 안타깝지만, 우리가 보이는 친절도 카푸친 원숭이들이 보이는 모습과 크게 다르지 않을 것이다. 타인에 대한 관심과 염려가 윤리적이고 인성적인 의사결정의 기반이 되려면 그 관심과 염려의 대상이 우리에게 개인적으로 뚜렷한 이익을 주는 사람들 이상으로 확대되어야 한다.

이기심에서 비롯된 편견을 극복하지 못하면, 가까운 사람들에게 느끼는 강한 마음이 편견이나 해악으로 변질될 수 있다. 예를 들어, 한 교사가 어떤 학생을 특별히 더 예뻐한다

---

63 "5 Ways Giving Is Good for You," Greater Good Science Center, Jill Suttie, Jason Marsh, December 13, 2010, http://greatergood.berkeley.edu/article/item/5_ways_giving_is_good_for_you

64 de Waal, Frans, *Age of Empathy: Nature's Lessons for a Kinder Society*, Crown, 2009, p.112–117.

면, 스스로 이러한 편향이 있다는 것을 깨닫지 않는 한 다른 학생과 싸움이 났을 때 공정하게 중재하지 않을 것이며, 두 학생에게 동등한 교육적 지원도 제공하지 못할 것이다. 교사에게 공정함이 없으면 애정을 덜 받는 아이에게 분노와 무력감을 안겨줄 수 있다. 불행히도 이러한 종류의 편향은 종종 개인의 영역을 넘어 사회적 영역으로 더 넓게 확장된다. 다른 사람들을 희생시켜 자신이 속한 그룹의 구성원을 보호하려는 욕구는 우리 사회를 형성하고 있는 많은 태도와 정책들을 만들어 냈으며, 세계에 심각한 불법적인 행태와 뿌리 깊은 갈등을 야기하고 있다. 충성심은 본래 긍정적인 성격 특성이지만 구성원에 대한 과도한 충성은 왜곡된 판단이나 차별을 만들어 낼 수 있다. 그렇기 때문에 외적으로 보이는 차이를 떠나 모든 사람들이 지닌 보편적 인간성을 인식하려는 노력이 필요하다. 사회관계 영역에서 이미 유사성과 차이점에 대해 인식하는 것을 다루긴 했지만, 여기서는 좀 더 폭넓은 범위에서 다시 한번 살펴볼 것이다.

다행히 인간은 카푸친 원숭이와는 다르게 가까운 사람들 이상으로 공감대를 넓힐 수 있는 특별한 능력을 가지고 있다. 우리는 공통점을 발견하면 개인적 경험이나 선호하는 것이 같지 않더라도 관심을 확대할 수 있다. 보편적 인간성을 이해하는 데 굉장히 효과적인 방법 중 하나는 우리 모두가 가지고 있는 바람, 즉 성공을 염원하는 마음과 고통이나 불행을 피하려는 마음을 떠올리는 것이다. 다른 사람들에게도 자신과 같은 마음이 있다는 것을 발견하면 국적, 민족, 종교의 벽을 넘어 모든 사람들을 자신의 구성원 안에 포함시킬 수 있다. 우리에게 이러한 능력이 있다는 것은 대중들이 참여하는 헌혈에서부터 자연재해 후 쏟아지는 기부와 자신이 속하지 않은 다른 집단이 처한 부당함에 맞서 싸우는 시위에 동참하는 것에 이르기까지 사회 전반에 걸쳐 다양한 방식으로 입증되고 있다.

상호의존성에 대한 이해와 타인에 대한 공감적 관심은 학생들이 다른 사람들과 관계를 맺을 때 생길 수 있는 편견, 거리감, 모르는 사람들이 겪고 있는 문제에 대한 무관심과 같은 여러 난관을 헤쳐나가는 데 힘이 된다. 보편적 인간성에 대해 이해하면, 학생들은 보다 포괄적인 관점을 발달시키게 된다. 넓은 시야는 타인과 관계를 맺을 때 보다 객관적이면서도 더욱 깊이 있게 연결되게 도와 공정한 자세를 갖게 한다. 이는 본 교육과정의 미지막 구성 요소인 '지역사회 참여와 국제적 참여'가 실행 가능하도록 발판을 제공하며, 학생들은 계속 연습하고 성장하면서 용서의 가치를 이해하고 차별 없는 깊은 자비의 태도를 함양하게 될 것이다. 대니얼 골먼은 자신의 저서 'SQ사회 지능Social Intelligence'에서 다음과 같이 말했다. "우리가 자신에게 초점을 맞추면 자신이 가진 문제나 걱정이 커지면서 우리가 존재하고 있는 세계는 작아지게 된다. 하지만 초점을 타인에게 옮기면 우리의 세계가 확장된다. 자신의 문제는 마음의 가장자리로 밀려나 작아지게 되는데, 이때 사람들과 연결하는 능력인 자비로운 행동을 키울 수 있다."[65]

보편적 인간성에 대한 깨달음은 대인관계 속에서 일어나는 공감에 기초할 때 가장 효과적이며, 더 이상 추상적인 수준에 머무르지 않게 된다. 이 접근법은 교실에서 다양한 방식으로 적용될 수 있다. 이와 더불어 시스템에 대해서도 탐구하면 더 큰 공감을 촉진할 수 있다. 이것이 이 구성요소의 두 번째 주제인 '시스템이 행복에 미치는 영향 이해하기'에서 다룰 내용이다. 이 주제는 긍정적인 가치를 장려하거나 문제적인 신념이나 불공평을 지속시키는 것과 같이 문화적, 구조적 차원에서 시스템이 행복감을 높이거나 떨어뜨리는 방식을 이해하기 위한 것이다. 학생들은 발달에 적합한 방법으로 불평등, 선입견, 편견, 편애 등에 대해서 생각해 볼 것이다. 역사적인 사건이나 사회 전반에서 찾아 볼 수 있는 사례를 통해 편견이 존재하고 있음을 인식하고, 이것이 사회 전체에 미치는 영향에 대해 토론할 수 있을 것이다.

우리가 선천적으로 가지고 태어난 공감만으로는 좀 더 확장된 곳에서의 고통이나 시스템적 차원의 문제를 자동으로 수용하지 못하기 때문에, 공감을 확장할 수 있도록 도와주는 시스템적 관점을 연습하고 배우는 것이 매우 중요하다. 실례로, 여러 연구는 우리가 다수의 희생자들에게보다 한 명의 희생자에게 공감하는 경향이 있으며, 멀리 떨어진 사람보

---

65 Goleman, Daniel. *Social Intelligence: The New Science of Human Relationships*, Bantam, 2006. p.54.

다 지금 내 앞에 있는 사람에게 더 많이 공감하는 경향이 있다는 것을 보여준다. 고통은 항상 눈에 보이는 직접적인 방식으로 나타나는 것이 아니다. 사회적인 구조와 문화적인 규범에 의해 고통이 생길 수도 있다. 예를 들어, 어떤 조직이 억압적이거나 불평등한 정책과 절차를 채택하게 되면 그곳에서 일하는 사람들은 이러한 정책에 영향을 받게 된다. 마찬가지로, 어느 특정 사회에 합법적으로든, 불법적으로든 차별이 존재하면, 그 사회에 속한 사람들의 행복도는 떨어질 수밖에 없다. 차별적인 구조에는 이러한 구조를 정당화하고 강화하는 어떤 특정한 신념이 사회전반적으로 깔려있다. 이는 성별, 인종, 민족, 사회적 지위에 따라 특정 집단이 다른 집단보다 더 우월하다는 신념 같은 것이다.[66] 학생들은 구조적인 폭력과 문화적인 폭력에 대해 배우면서 고통에 대한 이해와 통찰을 향상시킬 수 있으며, 고통에 더욱 섬세하고 민감하게 반응할 것이다.

여러 학교와 '인터내셔널 바칼로레아 International Baccalaureat (국제대학입학자격제도)'와 같은 프로그램에서는 상호 이해를 기르는 것을 교육과정의 목표로 삼고 있다. 즉, 학생들이 보편적 인간성을 깨달으면서 다른 사람들을 더 많이 이해하고 타인에 대해 현실적인 기대를 갖게 하는 것이다. 학생들은 또한 종교나 집단의 벽을 넘어 서로 소통하고 협력하는 법을 배운다. 이를 통해 표면적으로 보이는 차이를 의심의 눈으로 보기보다 이해의 눈으로 바라보게 되며, 따라서 편견이나 고립을 줄일 수 있다. 우리의 행복이 어떻게 시스템에 의해 형성되는지를 이해하는 것은 공감과 포용성을 향상시키고, 고통을 줄이기 위한 실현 가능한 방법에 대해서 생각하게 할 것이다.

시스템, 상호의존성, 그리고 보편적 인간성에 대한 이해는 불공평의 문제를 해결하는 데 필수적이다. 앞에서 설명한 바와 같이, 공평은 성공의 기회가 동등하게 주어지고, 생

---

66 평화와 폭력에 대한 문화적이고 구조적인 차원에 대한 연구와 이들이 어떻게 대중 윤리나 인간의 기본적인 덕성과 연결되는지를 살펴보고자 한다면 다음 논문을 참고하기 바란다. Flores, Thomas, Ozawa-de Silva, Brendan, and Murphy, Caroline. "Peace Studies and the Dalai Lama's Approach of Secular Ethics: Toward a Positive, Multidimensional Model of Health and Flourishing," *Journal of Healthcare, Science and the Humanities*, vol. 4, no. 2 (Fall, 2014), pp. 65-92.

존과 번영에 필요한 기본 요건들이 부편적으로 제공되며, 특정 집단이 상대적으로 불이익을 받거나 불공평이 체계 안에서 지속되는 일이 없도록 시스템에 형평성의 원칙을 반영하는 것을 말한다.

우리는 상호의존적으로 존재하고 있기 때문에, 다른 사람의 행복이 우리의 행복에 영향을 준다. 어떤 이들에게 생존과 번영의 기회가 주어지지 않으면 그들이 입은 손실은 사회의 다른 구성원들에게 영향을 미치게 된다. 그들이 더 이상 생존과 번영의 기회에서 배제되지 않을 때 사회의 구성원으로서 더 생산적인 활동에 참여할 수 있게 될 것이며, 이는 사회 전체의 더 큰 성장으로 이어질 것이다. 시스템적 관점으로 세상을 바라보면, 소수일지라도 누군가의 성장을 막는 것은 사실상 모든 사람에게 부정적인 영향을 줄 수 있다는 점을 이해하게 된다. 여기서 보면, 타인이 똑같이 행복을 누릴 수 있어야 한다는 생각은 사실 자기 자신을 위한 것이라고 할 수 있다. 이것은 더 이상 승자와 패자를 나누는 '제로섬 게임'이 아니다. 교육은 인생에서 성공하기 위한 가장 중요한 수단 중 하나다. 그렇기 때문에 교육에서의 형평성이 더욱 중요하다. 학생들은 어떤 상황에 있더라도 자신의 잠재력을 최대한 발휘할 수 있어야 하며, 이에 필요한 도움이나 자료, 기회 등을 개별적인 요구에 맞게 제공받아야 한다.

공평equity은 평등equality과 다르다. 이 두 가지는 모든 사람에게 행복하고 건강할 권리가 있다는 믿음에 기초하고 있지만, 상황을 고려하지 않고 동등하게 대우해야 한다는 의미의 평등은 공평과 구별된다. 공평은 학생들이 비슷한 결과를 내고 똑같이 성공의 기회를 얻을 수 있도록 개별 학생들에게 다른 종류의 자원과 지원이 필요하다고 보는 것이다. 이런 점에서 공평의 관점은 자비의 관점과 비슷하다고 볼 수 있다. 자비도 문맥이나 개별적 요구와 상관없이 모든 사람에게 동일하게 접근해야 한다고 가정하지 않으며, 개별 학생과 지역사회에서 필요로 하는 것에 주의를 기울여야 한다는 것을 알려준다.

최근 교육의 형평성에 대한 관심이 커지고 있다. 형평성에 대해 이야기하기 위해서는 개인의 행동뿐 아니라 법, 정책, 규제, 자금 구조 등과 같은 구조적인 요인에도 주의를 기울여야 한다. 그러나 장기적인 해결책을 강구하기 위해서는, 구조적이고 제도적인 차원의 변화뿐 아니라 우리가 가진 신념이나 관행, 규범, 가치를 포함하는 문화적 차원의 변화도 모색해야 한다. 왜냐하면 우리가 창조해 유지하고 있는 구조는 사실 우리의 가치가 반영된 결과이기 때문이다. 예를 들어, 현대 사회에서 대부분의 사람은 기본적인 교육을 받는 것을 모든 시민에게 주어진 당연한 권리라고 생각한다. 이러한 믿음은 교육받은 시민이 사회 전체에 이익을 가져온다는 사회 문화적인 가치를 반영한 것이며, 따라서 법률 등에서 공립학교에 재정적인 지원을 하도록 뒷받침하고 있다. 이를 통해 우리는 시스템적 관점이 구조적 차원과 문화적 차원을 모두 포함하고 있다는 것을 알 수 있다. 여기서 문화적인 가치가 어떻게 구조적인 제도를 형성하는데 영향을 주는지, 그리고 그것이 좋은 방향이든 좋지 않은 방향이든 사회에 속한 개개인에게 어떻게 영향을 미치고 있는지에 대해 분석한 것은 평화에 대한 학문과 연구에 기반한 것이며, SEE Learning 교육과정에서 연령이 높은 학생들을 대상으로 가르쳐질 것이다

결과적으로, SEE Learning에서는 자비와 보편적 인간성, 그리고 상호의존성에 대한 이해와 같은 기본적인 인간의 덕목을 함양하는 것과 이러한 인간의 기본 덕목들이 접목되었을 때 가져올 수 있는 좀 더 공평한 사회에 대해 탐구할 것이다. 물론, 각 사회가 어떻게 사회, 문화적인 가치를 탐구하고, 그 가치를 어떤 방식으로 사회 구조에 반영할 것인가에 대한 문제는 그 사회의 구성원들에게 달려 있다.

지역사회 참여와 국제적 참여

상호의존성을 이해하고, 타인에게서 받는 도움을 생각하며, 보편적 인간성에 대해 깊이 인식하면, 사회로부터 받은 많은 혜택에 보답하고 힘든 상황에 처했거나 도움이 필요한 사람을 대신해 행동하고자 하는 책임과 열망의 마음을 일으킬 수 있다. 따라서 학생들은 이러한 복잡한 시스템이나 지역사회 안에서, 나아가서는 세계 속에서 실제적이고 효과적으로 참여할 수 있는 방법에 대해 생각해 보아야 할 것이다. 빈곤이나 환경

교육과정 영역: 시스템	구성 요소: 지역사회 참여와 국제적 참여
교육과정 차원: 실천	

지역사회 참여와 국제적 참여

강화되는 역량

1 지역사회와 국제사회에 긍정적 변화를 일으킬 수 있는 잠재력 탐구하기
개인적으로 또는 협력적으로 긍정적인 변화를 도모할 수 있는 능력이 자신에게 있음을 인식하기

2 지역사회와 세계가 가진 문제 해결에 참여하기
지역사회 또는 세계에 영향을 미치고 있는 문제에 대해 창의적이고 협력적인 해결책을 탐구하고 고민하기

문제와 같이 복잡하고 광범위한 문제를 다루는 것은 아주 능숙하게 접근하지 않으면 너무 어려운 문제로 느껴질 수 있다. SEE Learning의 목적은 학생들이 자비로운 국제 시민으로 성장해 자신의 잠재력을 발휘하도록 돕는 것으로, 이 마지막 구성요소가 이를 도울 수 있을 것이다.

이 구성요소가 가지는 두 가지 주제는 '지역 사회와 국제사회에 긍정적 변화를 일으킬 수 있는 잠재력 탐구하기'와 '지역사회와 세계가 가진 문제 해결에 참여하기'이다. 두 주제가 서로 비슷해 보이긴 하지만 첫 번째 주제는 학생들이 자신의 능력을 가지고 개인적, 집단적으로 갖게 되는 기회를 통해서 긍정적인 변화를 일으킬 수 있다는 것을 인식하게 한다. 두 번째 주제는 학생들이 자신이 속한 지역사회나 국제사회가 가지고 있는 문제에 대해 고민하고 이에 대한 창의적인 해결방안을 모색하게 한다. 이는 해결방안을 바로 생각해 낼 수 없는 복잡한 문제를 다루기 위해 여럿이 협력해 시스템적 관점에서 깊이 생각해 보는 것이라 할 수 있다. SEE Learning 교육과정에서는 이 두 개의 주제를 이전 장에서 배운 지식과 기술을 통합해 캡스톤 프로젝트를 통해 탐구할 것이다. 여기서는 특정한 사회적 문제를 탐구하면서 이 두 가지 강화되는 역량을 키우기 위한 지침을 제공할 것이다.

만약 학생들이 지역사회나 국제사회에 참여해 자신과 타인에게 이득이 되면서, 현실적이고 효과적으로 절망을 극복하고 지역사회와 세계의 문제를 해결하고자 하는 마음을 내었다면, 가장 먼저 자신이 가진 능력과 한계를 인식해야 한다. 한계에 대해서는 모든 것이 자신의 힘이나 영향권 내에 있는 것이 아니며 고질적인 문제들은 변화를 일으키는 데 시간이 걸릴 수밖에 없다는 것을 아는 것이 중요하다. 그렇다고 해서 학생들이 효과적으로 행동할 수 없다는 뜻은 아니다. 자비는 고통을 덜어주고 싶은 마음으로 고통이 분명히 경감될 수 있다는 신념에 기초해 희망을 가지는 것이다. 그런데 학생들이 어려운 문제에 직면해 무력감을 느끼면 자신과 타인에 대한 자비를 키우기 어려워진다. 따라서 학생들이 자신의 위치를 알고 이에 알맞은 해결 방안을 찾아 실천하는 것이 바람직할 것이다.

어떤 전략들은 적절한 방식으로 접근하면 변화를 만들 수 있을 것이라는 확신을 준다. 한 사람이 시스템 전체를 바꿀 수는 없겠지만, 시스템 안에 있는 핵심 요소들에 집중해 변화를 극대화시킬 수는 있을 것이다. 이는 국제적이고 시스템적인 차원의 큰 문제에 압도되지 않도록 도와, 자신도 해낼 수 있다는 자신감을 갖게 할 것이다.[67] 만약 누군가가 시스템 내에서 영향력이 큰 핵심 요인들을 찾아내고, 그러한 유해 요소들을 해소하는 데 집중한다면 결국에는 큰 변화를 이끌어 낼 것이다. 지금 바로 대규모 의 변화를 만들어 낼 수는 없더라도 자신들이 만들 수 있는 작은 변화도 가치가 있다는 점을 생각해보는 것이 중요하다. 작은 변화는 큰 변화로 이어질 수 있으며, 매립될 쓰레기에서 재활용품을 분류하는 것과 같이 작은 선행이 계속 쌓이고 누적되면 큰 변화가 생길 수 있다. 학생들은 상호의존적인 시스템을 이해하면서 자신들이 만드는 작은 행동의 변화가 즉각적인 결과를 가져오지는 않더라도 미래에 더 큰 효과를 만들기 위한 토대를 마련하고 있는 것이라고 생각하면서 자신감을 가질 것이다.

---

67 예를 들어 파레토 법칙은 20% 정도가 80%의 결과가 만든다는 것을 의미한다. 이는 문제의 80%가 20%의 요소로 인해 일어난다는 것을 의미한다(예: 시스템의 다수를 오염시키는 것은 시스템의 아주 작은 부분에 의한 것이다.).

학생들의 결성이 사비로운 동기를 가지고 있다 하더라도, 그들의 선택이 효과를 보기 위해서는 해결하고자 하는 복잡한 상황에 대한 명확한 이해와 이러한 복잡한 문제들에 대해 비판적으로 사고하는 능력이 필요하다. 다른 기술과 마찬가지로, 이러한 유형의 비판적 사고는 연습을 통해 강화되고, 교육 현장에서 학습 자료를 통해 가르칠 수 있다. 사회적으로 또는 세계적으로 걸쳐 있는 복잡한 문제들은 분석이 가능할 정도로, 그리고 실천 가능한 수준으로 세분화하는 것이 좋다. 문제가 충분히 해결될 수 있을 것 같이 보이고, 그 문제 요소들이 시스템상에서 상호의존적으로 서로 연결되어 있다는 것을 인식하면, 학생들은 자신감을 가지고 주도적으로 문제를 해결하려는 열정을 갖게 될 것이다. 나아가, 자신이 속한 지역사회에 영향을 준 청년들의 이야기를 통해 학생들의 열정이 더욱 고무되고 격려될 수 있을 것이며, 변화는 분명히 가능하다는 것을 알려줄 수 있을 것이다.

'지역사회 참여와 국제적 참여' 요소에서도 비판적 사고가 매우 중요한 역할을 한다. 여기서 말하는 비판적 사고는 복잡한 문제들을 인간의 기본 덕목에 의거해 해결하는 법을 생각하는 것이다. 이런 능력은 후천적으로 발달될 수 있기 때문에 이에 대해 배우고 연습하는 것이 필요하다. 모든 행동이 다른 사람들에게도 도움이 되는 행동이라고 생각할 수는 없지만 비판적으로 사고하는 것은 건설적인 결과를 도출해 낼 가능성을 높여준다.

이 구성요소는 학생들이 취할 수 있는 행동만 다루는 것이 아니라 자비로운 행동을 효과적으로 실천할 수 있도록 비판적으로 사고하는 방법도 함께 다룬다. 따라서 두 번째 주제가 '지역사회와 세계가 가진 문제 해결에 참여하기'인 것이다. 여기서는 혼자만의 능력으로 해결할 수 없는 일에 대해 함께 협력해 해결책을 모색해보는 시간을 가진다. 이러한 유형의 비판적 사고는 SEE Learning의 모든 구성 요소로부터 영향을 받는다. 좀 더 구체적으로 살펴보면 다음의 여섯 가지 주제를 통합해서 다루게 될 것이다. (1) 시스템과 복합성에 대해 인식하기, (2) 다양한 기반을 마련하기 위한 장단기적 결과 검토하기, (3) 인간의 기본적 가치와 관련된 맥락에서 상황 평가하기, (4) 감정과 편견의 영향 최소화하기, (5) 개방적이고 협력적인 태도와 지적 겸손 함양하기, (6) 타인이 이해할 수 있는 방식으로 특정 행동에 대해 찬반 논의하기가 그것이다. 이들 주제 중 다수는 SEE Learning의 초반부에 기술된 구성요소에서 이미 다루었으며, 여기서는 지역사회와 국제적 차원의 참여를 위한 방향으로 통합될 것이다.

6단계 중 첫 번째인 '시스템과 복잡성에 대한 인식'에서는 학생들이 복잡한 시스템을 조사하고 그 시스템 안에 있는 다양한 요인 사이의 관계를 그려보는(예: 생태이해력 또는 시스템적 사고) 프로젝트에 참여하게 된다. 어린 학생들에게는 세 명의 친구 관계를 살펴보도록 하는 것과 같이 매우 간단한 과제로 제시될 수 있다. 조금 더 높은 연령의 학생들을 위해서는 가족 체계, 생태 체계, 경제 체계와 같은 더 복잡한 시스템적 문제나 빈곤과 같은 여러 시스템을 아우르는 문제들을 가지고 학습할 수 있다. 학생들은 이러한 시스템을 직접 그려보면서 복잡하게 얽힌 상호의존성에 대해 훨씬 더 많이 이해할 수 있을 것이며, 시스템에 대해서 좀 더 복합적이고 정교한 방식으로 사고하게 될 것이다.

'상호의존성에 대한 이해'에서도 이와 비슷한 능력을 개발하지만, 여기서는 프로젝트나 문제에 초점을 두며, 이에 대한 결과를 평가하는 과정도 포함한다. 사회에는 장단기적 결과에 대한 적절한 검토 없이 행동이 취해지는 경우가 많다. 결과에 대한 평가와 분석이 이루어질 때는 행동이 미치는 영향을 윤리적인 측면에서 다각도로 살펴보아야 한다. 학생들이 어떤 특정한 문제를 검토할 때는 일련의 행동이 다양한 사람에게 미칠 영향에 대해 생각해보도록 장려해야 한다. 이는 '상호의존성에 대한 이해' 요소와 분명하게 연결된다. 학생들이 이 과정에 점점 익숙해지면 행동이 가지는 의미에 대해 넓은 관점에서 생각하게 될 것이며, 이러한 행동이 문제와 동떨어진 것처럼 보이는 사람에게 어떤 영향을 줄 수 있는지에 대해서도 생각하기 시작할 것이다.

또한, 복잡한 문제를 자신의 가치와 연결시켜 비판적으로 사고하는 능력을 발달시키는 것도 매우 중요하다. 학생들이 보다 광범위한 사회적, 국제적인 문제를 생각하고 평가할 때 그 문제가 인간의 기본 가치와 어떻게 연결되는지 계속 탐구하도록 해야 한다. 이러한 과정을 통해 학생들은 점점 더 개인적, 사회적, 그리고 국제적 빈영을 촉진하는 방향으로 나아가게 될 것이다. 그리고 윤리적 문제에 대한 비판적 사고를 저해할 수 있는 생각이나 감정, 편견 등을 인식하고 이로부터 멀어지려 할 것이다. SEE Learning에서 강화되는 역량은 자기조절력을 높이고, 타인에 대한 공감과 이해를 증진하며, 보편적 인간성에 대한 깨달음을 기르고, 책임 있는 의사결정에 있어서 감정이 가지는 왜곡된 영향력을 줄이는데 많은 도움을 줄 것이다.

마지막으로 여기서 말하는 참여와 그 참여를 뒷받침하는 비판적 사고는 더 넓은 지역사회적, 국제적 수준에서 이루어질 수 있다. 윤리적 문제는 항상 자신과 타인에게 영향을 주기 때문에, 다른 사람의 역할을 고려하는 과정도 함께 이루어져야 한다. 지역사회 참여와 국제적 참여는 타인과 협력하면서 타인의 관점이나 의견, 지식과 경험으로부터 배우고, 이들을 존중하고자 하는 열린 마음에 의해 발달될 수 있다. 누구도 모든 것을 다 알 수는 없기에 타인의 지식과 관점이 자신의 것과 마찬가지로 동등하게 가치 있는 것이라고 인지하는 지적 겸손은 학습과 소통, 그리고 협력을 도모하는 데 큰 도움을 준다. 건강한 토론은 다른 사람들의 입장이 자신의 입장과 다를지라도 그것이 그들이 가진 논리와 경험에서 비롯된 것이라고 생각할 때 가능해진다. 지적 겸손과 열린 마음이 없다면, 토론과 상호 합의는 불가능해질 것이며, 대화는 비생산적인 갈등과 권력투쟁으로 전락하게 될 것이다.

지역사회 참여와 국제적 참여에서 이러한 폭넓은 접근이 가능해지려면 다른 사람에게 자신의 입장과 생각을 분명하게 표현하고 문제와 가치에 대해 건설적인 방식으로 대화를 나누는 능력이 필요하다. 다른 사람들과 협력하지 않고 해결할 수 있는 심각한 문제들은 거의 없기 때문에 자신의 생각과 가치를 명확하게 전달하는 능력이 필요하다. 따라서 지역사회 참여와 국제적 참여는 자신의 입장을 정리해 설명하고, 질문하며, 대화 상대로부터 배우고, 건설적인 방법으로 토론하는 능력에 의해 크게 달라질 수 있다. 비판적 사고와 마음속에 깊이 새긴 가치에 근거해 명확하고 일관되게 소통하는 능력과 자신의 목소리를 낼 수 없는 사람들을 대신해 힘을 주고 영감을 주며 말을 하는 능력은 미래 세대에게, 그리고 혁신적인 지도자들에게 꼭 필요한 능력이라고 할 수 있다. 이것은 앞에서 배운 사회관계 영역의 사회관계 기술에 기반하고 있으며, 이번 장에서는 시스템과 상호의존성에 대한 알아차림이 더해져 확장된 것이라 하겠다. 더욱이 이러한 소통에는 대중이나 상대방이 이해할 수 있도록 이야기하는 능력도 요구된다. SEE Learning에서 쌓은 모든 능력은 대화를 통해서 발휘될 수 있다. 이것은 역량과 덕목을 체화하는 개인적 차원에서 그치는 것이 아니라, 인간의 기본 가치와 관련된 보편적인 언어를 사용해 중요한 문제에 대한 공통 담론을 만들고 이 결과를 체화하는 것이다. 바로 이렇게 형성된 담론들이 학생들이 함께 협력해(소규모나 대규모로) 사회 문제를 해결할 수 있도록 도울 것이며, 자신의 삶과 직업을 꾸려감에 있어서 타인과—자신과 다르거나 자신을 힘들게 하는 타인까지도—효과적이고 의미 있는 방식으로 관계를 맺을 수 있도록 도와줄 것이다.

결론

우리를 둘러싸고 있는 환경은 매우 복잡하게 얽혀 있다. 아이와 어른들 모두 다양한 도전에 직면하고 있으며, 수많은 만남과 사회적 상황을 헤쳐 나가고 있다. 이러한 불안정한 삶을 살아나가는 데 있어서 이타적인 행동이나 결정은 이기적인 행동이나 결정과는 분명하게 다른 결과를 가져온다. 우리가 가진 충동과 편견에 대해 알아차리고, 정서적 반응을 조절하며, 상황에 영향을 주는 요인을 비판적으로 생각해보려는 의지가 있어야만 그 결과가 성공적으로 관리될 수 있다. 이 때문에 자비가 SEE Learning을 관통해 모든 요소를 통합하는 가장 중요한 주제가 된 것이다. SEE Learning의 구성요소들이 학생들의 인성적인 실천과 책임 있는 의사결정을 완벽하게 보장할 수는 없지만, 이 프로그램을 통해 학생들은 평생 동안 사용할 수 있는 삶의 기술과 능력을 함양하게 될 것이다. 그리고 배려 깊고, 사려 깊으며, 책임감 있게 행동하면서, 자신과 타인의 장기적인 안녕과 행복에 기여할 것이다. 마지막으로, 학생들은 자신을 위한 선, 다른 사람들을 위한 선, 그리고 세계를 위한 선을 실천하는 동력이 되어 엄청난 잠재력을 실현할 수 있을 것이다.

SEE Learning 교육과정 실행지침

교육과정 실행지침

    SEE Learning에 함께하게 된 여러분, 환영하고 축하합니다! 마음과 생각을 키우는 교육을 위한 우리의 열정을 이렇게 나누게 된 것을 매우 기쁘게 생각합니다. 그리고 이 의미 있는 경험을 학급, 학교, 지역사회에 나누어 주려고 마음을 낸 여러분, 진심으로 감사합니다. 새로운 교육과정은 처음 보는 내용과 활동들을 배우고 가르쳐야 하기에 시작 단계에서부터 부담을 느끼기 쉽습니다. 그리고 학생들이 수업에 어떻게 반응할지 몰라 궁금하기도 하고 걱정되기도 할 것입니다. 흥분되기도 하지만 긴장도 될 것이며, 수업을 실행할 준비가 되어 있는지 불안하기도 할 겁니다. 이런 느낌들은 새로운 것을 시도할 때면 늘 일어나는 자연스러운 반응입니다. 이 때문에 교육과정 실행을 주저하지는 마시기 바랍니다. SEE Learning에 참여하면서 여러분과 여러분의 학생들이 세상에 대한 알아차림을 비롯해 자비와 실천을 심화하고, 이를 통해 여러 이익을 얻어 앞으로 마주하게 될 도전과제들을 자신 있게 헤쳐 나가길 기대합니다.

교육과정 실행지침의 내용

    이 교육과정 실행지침은 SEE Learning을 실제로 가르치면서 최상의 결과를 가져올 수 있도록 다양한 방법을 안내하고 있습니다. 여기에는 교육과정을 시작할 때 알아두어야 할 내용과 성공적인 수업을 위한 지침 등이 포함되어 있습니다. 또한 문화에 적합하게 프로그램을 수정해야 할 때, 학생들의 행동을 지도할 때, 그리고 특수한 학업적 요구를 가진 학생들이 있을 때 고려해야 할 내용도 제시하고 있습니다. SEE Learning 평가를 위한 내용도 포함하고 있습니다. 이러한 내용들은 앞으로도 계속 추가될 것이기 때문에, 온라인을 통해 최신 실행지침을 확인하고 유용한 자료를 많이 활용할 수 있길 바랍니다.

이 장은 (1) 시작하기, (2) 자비로운 교실이 갖추어야 할 원칙, (3) SEE Learning 교육자의 역할, (4) SEE Learning 적용하기, (5) 평가하기, (6) 성공적인 실행을 위해 추가적으로 알아야 할 사항 등 6개의 주제로 구성되어 있습니다. 이를 통해, 교육과정을 실행하면서 마주할 수 있는 가장 시급한 문제에 대한 해답을 제시할 것입니다. 그러나 여러분이 처한 상황에 따라 또 다른 문제들이 일어날 수 있습니다. 만약 수업을 진행하는 데 있어서 추가적인 지원이 필요하다면 언제든 알려주세요. 저희가 최선을 다해 지원하겠습니다.

SEE Learning 교사 플랫폼에 가입하기

새로운 교육과정을 실행하는 일은 흥분되는 일이기도 하지만, 한편으론 도전적으로 느껴지기도 한다. 따라서 이 교육과정을 실행하기 전에 먼저 SEE Learning 교사 플랫폼에 가입할 것을 추천한다. 이 플랫폼에서는 SEE Learning 교육과정의 모형과 내용을 명확하게 알려주는 교사 교육과정을 제공하고 있다. 이 교사 교육과정은 교사들에게 학습 목표와 학생들에 대한 기대를 돌아보게 할 것이다. 또한 SEE Learning 수업의 실제 영상자료를 참고하면서 수업 진행에 대한 아이디어를 얻을 수도 있다. 교사 플랫폼은 또한 세계 여러 나라에서 SEE Learning을 실행하는 교사들과 교류할 수 있는 만남의 장소이기도 하다. SEE Learning 공동체가 성장할수록 새로운 자료(온라인 세미나, 수업에 도움이 될 내용, 수업 예시 등)가 계속 추가될 것이며, 심화 학습을 위한 교육의 기회도 제공될 것이다.

교사들의 학습공동체 형성하기

SEE Learning의 실행을 촉진하기 위해서는 교사들이 모여 학습 공동체를 형성하는 것이 좋다. 학습 공동체는 새로운 개념과 기술을 가르쳐야 할 때 매우 도움이 된다. 교사들은 정기적으로 소통하거나 만나면서 특정 영역에 대한 지식과 기술을 함께 향상시킬 수 있다. 이렇게 공동체를 형성하면, SEE Learning을 계획하고, 촉진하고, 평가하고, 개선할 때 서로에게 도움을 줄 수 있다. 만약 학습 공동체를 만드는 것이 가능하지 않다면, 단 한 명이라도 다른 교사와 협력하면서 경험을 나누는 것이 좋다.

학습공동체의 교사들은 다음과 같은 작업을 함께 진행할 수 있다.

① 교육과정에 있는 개념에 대해 토론하기

② 수업을 진행하면서 마주한 성공과 도전과제 이야기하기

③ 효과적으로 교육과정을 수정하는 법에 대해 이야기하기

④ 도입, 접촉하기, 자원 활용하기, 반성적 활동 등을 함께 실습하고 경험 나누기

⑤ SEE Learning 수업 중 발생하는 학급 운영 문제를 해결하기 위해 브레인스토밍 하기

⑥ 학습자에게 적합한 수업을 진행할 수 있도록 학생들의 학습적 요구와 학습 과정에 대해 토론하기 (학생의 개인정보에 대해서는 비밀보장을 유지한다.)

⑦ 성공적으로 수업을 실행하는 데 방해가 되는 문제 해결하기

⑧ 서로를 정서적으로 지원하고 격려하기

⑨ 지속적인 지원을 위해, 에모리 대학교 SEE Learning 프로그램이나 현지 파트너 단체와 연락할 담당자 정하기

수업할 연령대의 교육과정 읽기

현재 교육과정은 세 가지 버전, 즉 초등학교 저학년(만 5–7세), 초등학교 고학년(만 8–10세), 그리고 중학생(만 11–13세)을 위한 것으로 개발되어 있으며, 디지털 다운로드 방식으로 제공하고 있다. 고등학생용 교육과정(14–18세)은 현재 개발 중으로 곧 출판될 예정이다. 자신이 가르치고 있는 연령대를 위한 교육과정을 주의 깊게 읽으면서 조금씩 익숙해질 수 있을 것이다. 한 번에 교육과정 전체를 다 읽을 필요는 없다. 한 번에 한두 개의 장을 읽어나가면서 수업을 진행하면 점차 편안하게 수업을 진행할 수 있을 것이다. 온라인 교사 교육과정을 마치면 교육과정 책을 다운받을 수 있다.

수업 준비하기

교육과정을 한 장씩 읽으면서 다음과 같이 준비한다.

수업의 주요 활동, 마무리, 그리고 통찰 활동에 있는 질문들이 학습 목표와 연결되어 있는 것에 주의를 기울인다. 각 수업의 학습 목표를 숙지하고 수업을 진행하면, 토론이나 활동이 예상치 못한 방향으로 진행될 때 다시 방향을 틀어 기존에 세웠던 목표로 나아갈 수 있다.

도입 부분을 혼자서, 혹은 동료, 친구, 가족들과 함께 연습해 본다. 도입 부분은 길지 않기 때문에 교사가 익숙해진 상태에서 편안하게 시작하면 학생들도 자연스럽게 따라올 수 있다. 또한 연습하면서 도입 시간에 느낀 자신의 경험을 통해 학생들이 경험할 느낌에 대해서도 예상할 수 있을 것이다. 온라인 교사 플랫폼에서는 도입 부분에 대한 녹음 파일을 제공하고 있다. 이 녹음파일을 듣고 따라 하면서 연습할 수 있을 것이다.

수업 활동에 제시된 활동안을 잘 이해할 수 있도록 큰 소리로 읽으며 연습해본다. 자신의 학생들에게 맞게 수정해야 할 경우 활동안의 내용이나 교사의 발문 등을 다르게 적용할 수 있다.

수업 방법에 대해 읽으면서 교실에서 실행하는 모습을 시각화해 본다. 이를 통해 상황에 따라 수정이 필요한 부분을 확인할 수 있다.

각 수업 활동에 필요한 준비물이 있음을 기억한다. 대체적으로는 쉽게 구할 수 있는 재료들이지만 어떤 재료는 미리 주문하거나 시간을 두고 모아 두어야 할 수도 있다.

각 수업 활동에 주어진 시간이 있음을 확인한다. 교육과정을 읽으면서 자신의 학생들에게 적용할 때 어느 활동에 더 긴 시간을 분배해야 할지 생각할 수 있을 것이다.

새로운 단어나 어려운 단어들은 미리 확인한다. 단어와 뜻이 적힌 카드를 벽에 붙이는 '단어표(word wall)'를 만들 수도 있다. 또는, 이 새로운 단어들을 국어교육에 접목시켜 새로운 단어와 개념을 계속 상기시킬 수도 있을 것이다.

수업과 연관되는 교사 자신의 이야기를 추가할 수도 있다. 학생들은 교사의 실제 경험에 더 관심이 많을 것이다. 교육적으로 도움이 될 수 있는 범위에서 신중하게 선택한 이야기를 나누는 것은, 학생들과 유대감을 형성하면서 새로운 개념을 생생하게 전달하는 방법이 될 수 있다.

일부 학생들에게는 강한 반응을 유발할 수 있는 내용이나 활동이 있다는 것을 주지하자. 학생에게 과도한 스트레스가 가지 않도록 활동을 수정하는 방향에 대해서 생각해 보는 것도 필요하다. 학생이 도움을 받을 수 있는 상담사나 다른 조력자도 미리 확인해 둔다.

수업 환경 결정하기

SEE Learning은 각각의 교실과 학교에서, 그리고 방과후 교실이나 다른 그룹의 환경에서 조금씩 다르게 실행될 수 있다. 시간과 자원이 얼마나 있는지를 고려해 SEE Learning 프로그램을 가능한 한 전체적으로 실행할 수 있는 환경을 선택하도록 한다. 아래는 SEE Learning을 기존의 수업과 통합할 수 있는 구체적인 방법들이다. 다음의 내용이 자신이 속한 환경에 어떻게 적용될 수 있을지 창의적으로 생각해 볼 수 있을 것이다.

교실

온라인에서 교사 교육과정을 마치면 모든 연령대의 학생들을 대상으로 SEE Learning을 가르칠 수 있는 자격을 얻게 된다. 교사는 학교의 학사 일정에 맞춰 발달에 적합한 교육과정을 선택해 운영할 수 있다. 만약 학생들이 과목을 선택해 듣는 경우라면, SEE Learning을 선택 과목으로 제공할 수 있을 것이다. SEE Learning 프로그램은 적어도 1주일에 한 번(또는 한 번 이상) 실시한다. 이렇게 하면 학생들이 이전 수업에서 학습한 내용을 다음 수업에 연결시킬 수 있다. SEE Learning 수업을 매일 실행할 수 있다면 프로그램에서 제공하는 수업 활동 한 가지를 두 번에 나누어 조금 더 천천히 진행하는 것도 좋다. 수업 활동을 반복하거나 확장해 학생들이 새로운 개념을 탐구하고 새로운 활동을 연습해볼 수 있는 시간을 제공하는 것도 좋을 것이다.

상담 시간 / 생활지도 시간

학교 상담시간이나 생활지도 시간도 교육과정을 실행하는 시간으로 활용할 수 있다. 상담시간과 생활지도 시간은 학교마다 다르긴 하지만 일반적으로 상담사나 담임교사에게 배정된다. 이 시간의 주된 목적은 교사와 학생들이 서로에 대해 더 많이 알게 하는 것이다. 또한, 상담교사는 이 시간을 통해 학생들이 학업적 목표나 사회 정서적 목표, 그리고 미래의 목표를 달성할 수 있도록 도와주는 경우가 많다. 이러한 상담 시간과 생활지도 시간은 일반 수업 시간보다 짧게 편성되는 경우가 많으며, 한 달에 한 번이나 격주 또는 매주 열린다. 얼마나 많은 SEE Learning 수업을 할 수 있을지는 만나는 빈도와 할애되는 시간에 따라 다르겠지만, 이 상담 시간이나 생활지도 시간을 활용해 프로그램을 진행할 수 있을 것이다. 만약 상담 시간이나 생활지도 시간이 30분보다 짧을 경우(25분 미만), 'SEE Learning을 위한 충분한 시간이 없을 때' 섹션을 참고해 수업을 운영하도록 한다.

학교 전체

학교 관리자가 학년 차원에서 SEE Learning의 실행을 지원할 수도 있다. 이 경우 교육과정을 실행하는 교사를 중심으로 학교 내에 학습 공동체를 형성하는 것을 추천한다. 적어도 한 달에 한 번 다른 교사와 만나 교육과정을 실행하면서 맞닥뜨리는 문제점이나 좋은 점, 그리고 프로그램과 관련된 새로운 아이디어에 대해 토론하는 것은 서로에게 도움이 되는 튼튼한 지지 체계를 만들어 줄 것이다. 또한 온라인 교사 교육과정에 교장 선생님이나 교감 선생님이 함께 참여하는 것도 좋다. 학교 전체에 교육과정을 실행하는 것은 학교의 문화와 분위기, 교칙 등에 많은 변화를 가져온다. 모든 교육자와 학생들이 SEE Learning을 통해 알아차림, 자비, 그리고 실천을 키워나간다면, 학교 내 모든 사람들 간의 관계가 긍정적으로 변화할 것이다. 학교 공동체가 모두 함께 SEE Learning을 배우고 실천하면 학교 지도자와 교육자, 그리고 학생들은 자비, 회복탄력성, 알아차림, 가치, 그리고 관련된 행동에 대한 공동의 언어를 창조할 것이다. 이렇게 사용되는 공동의 언어는 대화의 질을 높여 서로가 깊이 있게 소통할 수 있도록 도울 것이며, 나아가 시스템 전반에 교육과정이 깊숙이 스며들도록 할 것이다.

교사와 학생이 SEE Learning에 익숙해지면, 알아차림과 회복탄력성 연습을 학교의 행동 수칙이나 부적응 행동에 대한 대응방법에 적용하려는 움직임이 일어날 수 있다. 수업 활동에 있는 도입 부분을 직원회의나 학부모 모임에서 활용할 수도 있다. 분열을 초래할 수 있는 문제가 있다면, 서로의 관점을 이해하는 데 도움이 되는 깨어 있는 대화 Mindful dialogues

를 사용할 수 있다. SEE Learning 프로그램의 기본 원리인 자비는 학교의 비전이나 교육 목표에 부합할 수 있다. 학생들은 문제에 대한 해결책이 가져올 영향을 보여 주는 '상호의 존성 연결망'을 만들면서 사회 문제를 해결하는 프로젝트 학습법에 참여할 수 있을 것이다. 실제로 교육과정을 운영하면, SEE Learning이 학교 전체에 적용될 수 있는 또 다른 방법들을 다양하게 발견하게 될 것이다.

학교 전체에서 교육과정을 실행하는 것은 엄청난 일이며, 시간이 많이 걸리는 일이다. 하지만, 행정 지원이 뒷받침되고 장기적인 목표가 설정되어 있다면, 이렇게 학교 전체에 교육과정을 도입하는 것을 추천한다. 만약 학교 전체에 실행할 준비가 되었는지 아직 확신할 수 없다면, 작은 규모로 수업을 먼저 진행해 보는 것이 좋을 것이다.

방과후 / 지역사회 기반 프로그램

방과후 프로그램이나 지역사회 기반 프로그램과 같이 학교 밖에서 SEE Learning 교육 과정을 실시하게 되면, 학교에서 느끼는 성적에 대한 부담 없이 주제를 탐구할 수 있다. 방과후 프로그램이나 지역사회 프로그램은 전 세계 수백만 명의 어린이를 대상으로 숙제 돌봐주기, 보육, 멘토링과 같은 기본적인 서비스에서부터 기술 교육, 체육 활동, 미술 수업과 같은 교양 활동에 이르기까지 매우 많은 중요한 서비스를 제공하고 있다. 이러한 프로그램에서는 아동의 관심사나 가족의 재정적 지원과 같은 특성에 기초해 다양한 그룹으로 나누어 서비스를 제공하는 경우가 많다. 또한 다양한 인종이나 문화적 배경을 가진 아동으로 이루어진 그룹이나 혼합 연령으로 구성된 그룹을 대상으로 수업을 진행하는 경우도 있다. 그룹의 성격이 굉장히 다양할 수 있기 때문에, 이 교육과정을 적용할 때에는 창의성을 활용해 교육적으로 잘 판단해야 한다. 온라인 교사 교육과정은 환경이나 학생의 배경에 상관없이 SEE Learning 교육과정의 모형과 실제 교육 방법을 분명하게 이해하는 데 도움을 줄 것이다. SEE Learning의 이론적 모형과 실제는 학생의 학습능력과 행복을 높여주기 위해 진심으로 애쓰는 교사에 의해 촉진될 것이다.

SEE Learning을 위한 충분한 시간이 없을 때

각각의 SEE Learning 수업 활동은 최소 1주일에 한 번, 20-40분 내에 진행할 수 있도록 설계되었다. 1주일에 한 번 정도는 수업을 진행할 수 있지만 활동 시간은 이보다 짧게 계획되어 있다면 다음을 참고한다.

교육과정의 수업 활동에 있는 모든 활동을 진행할 수 없다면, 하나의 활동만 선택해 실행한다. 그리고 나머지 활동은 다음 시간에 진행한다. 이렇게 여러 부분으로 나누어 순서대로 진행할 수 있다.	시간이 어느 정도 허락되면 수업 활동 중 하나의 활동만 진행하더라도 도입과 마무리 활동을 추가해 진행한다.	5분 정도의 시간만 주어진다면, 아래와 같이 진행한다.

매주 수업을 할 수 없는 경우, 쉬는 시간을 활용해 5분 정도 수업을 진행한다. 다음과 같이 도입이나 다른 활동을 축소해 진행할 수 있다.

- 짧은 자원 활용하기 연습
- 짧은 접촉하기 연습
- 지금 도와주세요! 전략에 하나씩 참여하기
- 마음챙김 걷기
- 다른 사람들이 보여준 친절에 집중하기
- 다른 사람들에게 베풀 수 있는 친절을 시각화하기
- 그날 다른 사람에게 자비를 보여줄 수 있는 행동을 계획하기
- 도입 부분을 가르치면서 짝을 지어 느낌에 대해 이야기하도록 하기
- 일기에 자비, 친절, 공감, 감사에 대한 생각이나 느낌을 한 문단 정도 써보기
- 친절, 공감, 다양성 존중, 상호의존성, 집중력, 마음챙김, 회복탄력성과 같은 주제와

관련한 좋은 글을 읽고 생각 나누기
- 감사에 집중하고 학교 공동체 안에 있는 구성원에게 감사 카드 작성하기
- 친구와 함께 비슷한 점 3개와 차이점 3개를 이야기하기
- 짝을 지어 깨어 있는 대화를 연습하기

일관성은 교육과정에서 매우 중요한 부분이다. 매주 수업을 할 수 있다고 해도 위에서 언급한 짧은 실습 시간을 만들면, 좀 더 길고 공식적인 교과 수업 사이에 연속성을 확보해 일관되게 교육하면서 학생들의 배움을 촉진할 수 있을 것이다.

SEE Learning 교육과정은 알아차림, 자비, 실천의 핵심 개념과 기술을 보여준다. 이러한 개념과 기술은 교육자가 알아차림, 존중, 인내, 평화로운 문제해결 등에 대한 모델이 되는 자비로운 교실에서 가장 잘 가르칠 수 있다. 교육학자 넬 노딩스Nel Noddings는 따뜻한 학교 분위기를 조성하기 위해서는 교육자가 진정한 돌봄을 보여 주어야 하며, 학생들은 친절, 돌봄, 자비를 실천할 수 있는 기회를 가져야 한다고 주장했다. 여기서 교육자들은 보살핌을 단순히 행동으로만 보여 주는 것이 아니라 진정한 자비를 학생들이 마음으로 느낄 수 있도록 실천해야 한다. 이러한 특성을 갖춘 자비로운 교실에서는 학생들이 정서적 안정감과 소속감을 느낀다. 그리고 편안하게 질문하고, 실수를 하기도 하며, 합리적인 위험을 감수하고, 자신의 생각을 표현하고, 자신의 느낌을 다른 친구들과 공유한다. 자비로운 교실이나 따뜻한 분위기의 학교에 다니는 학생들은 자신이 있는 그대로 받아들여진다고 느끼고 자신의 고유한 정체성을 안전하게 드러낸다. 이러한 결과는 학생들의 행복과 학업 성취에 도움을 주기 때문에 자비로운 학교 환경을 만드는 것은 교육자가 시간과 노력을 쏟아서라도 꼭 실천해야 할 가치 있는 일이다. 넬 노딩스가 말한 것처럼 *"교실에서 돌봄과 신뢰의 관계를 구축하는 데 소요된 시간은 낭비가 아니다. 교사와 학생들은 서로를 더 잘 알기 위한 시간이 필요하다. 돌봄과 신뢰의 관계는 학업과 도덕 교육의 토대를 제공한다."* 따라서 여기서는 자비로운 교실이나 학교가 갖추어야 할 몇 가지 원칙을 설명하도록 하겠다.

다양성 존중하기

모든 학생은 각각 고유의 경험과 요구, 강점, 문제 등을 가지고 교실에 온다. SEE Learning 프로그램은 각각의 개념과 기술을 연마하기 위해 모든 학생이 함께 협동하면서 배우는 통합교육을 지지한다. 통합교육은 다양한 능력, 문화, 배경, 기술을 지닌 학생들로 구성된 다문화 그룹을 교육하면서 소속감과 학습을 증진시키는 교육 방법이다(Katz, 2012). 교육자는 인종, 종교, 성별, 능력 등의 차이와 상관없이 모든 학생을 이해하고 존중하는 모습을 보여줄 수 있는 매우 중요한 모델이다.

아이들은 아주 어린 나이부터 개인적인 차이와 문화적인 차이를 느끼고 있으며, 자신의 가족과 비슷하거나 문화가 같은 단체나 사람들에게는 굉장히 편안함을 느낀다. 따라서 아이들은 다양성의 의미와 가치를 이해할 수 있는 방법을 누군가가 알려주기를 바라고 있다. 이 과정에서 아이들은 근본적인 평등과 보편적 인간성을 강화해주는 성인의 메시지를 받거나, 차이를 말하면서 고정 관념, 두려움, 편협함, 불공평을 형성하고 이를 합리화하는 성인의 메시지를 받을 수도 있다. SEE Learning의 시스템 영역에서는 개인 간, 그룹 간 차이를 존중하고, 모든 사람의 기본적인 가치와 평등함의 맥락에서 이러한 차이를 이해하면서 공동체를 생각하도록 돕는 자료를 제공한다. 이는 사회 시스템을 개선하거나 개편해 사회의 모든 구성원의 번영과 행복을 도모할 수 있는 방법을 생각하도록 촉진할 것이다. 교실과 학교 환경에서 이러한 가치들을 반영하는 것은 매우 중요하다. 그리고 이러한 환경은 가장 먼저 교육자와 학교 관리자에 의해서 만들어질 수 있다.

SEE Learning 교육과정을 수행하는 동안 학생들이 다양성을 존중할 수 있도록 돕기 위해 다음과 같이 행동할 수 있다.

1	2	3	4	5
다양한 종교, 문화, 배경을 가진 학교 공동체의 모든 사람들(동료, 부모, 학생, 교직원)에게 친절과 긍정적인 태도를 보여준다.	성별이나 능력에 상관없이 누구나 참여하고 발전할 수 있도록 모든 학생에게 동일한 기회를 제공하고, 동등하게 대우한다.	학생들이 차이와 관계없이 모든 사람들이 가지는 상호의 존성과 보편적 인간성에 대해 생각하고 탐구할 수 있도록 돕는다.	고정 관념에 의문을 제기하고 깨어 있는 대화와 비판적 사고를 통해 학생들이 다른 시각을 탐구해 볼 수 있는 기회를 제공한다.	자비 명상을 통해 모든 사람을 향해 자비를 확장하도록 돕는다.

SEE Learning은 우리 모두가 행복하고 건강하기를 바라는 마음을 가지고 있다는 보편적 인간성에 대한 이해와 우리가 가지고 있는 공동의 가치와 요구에 대한 이해를 바탕으로 만들어졌다. 우리는 자신의 행복을 위해 셀 수 없이 많은 방법으로 다른 사람에게 의존하고 있다. 이러한 현실을 고려할 때, 서로를 동등하게 여기고 존중하는 것은 모든 사람에게 이익을 가져올 것이다.

부적응 행동 지도 시 긍정적으로 접근하기

부적응 행동은 학생들에게서 흔하게 발생한다. 수업 시간에 튀는 행동을 하거나 학급 규칙을 어기거나, 다른 친구들에게 무례하게 대하는 학생이 있을 수 있다. 자기 조절이 안되거나 감정적으로 폭발하는 학생도 있을 수 있다. 행동화를 보이는 학생들은 어떤 식으로든 심리적인 어려움을 겪고 있을 가능성이 높다는 것을 기억하면 문제를 해결하는데 도움이 될 것이다. 그들의 행동은 소통을 위한 것이거나 욕구를 만족시키거나 강한 감정을 해소하려는 시도일 가능성이 크다. 이러한 부적응 행동에 효과적으로 대응하는 것은 교육자가 해야 할 중요한 일 중 하나다. 따뜻한 교육자는 설교나 망신주기, 위협하기, 꾸짖기, 처벌하기를 통해 학생들에게 두려움을 주고 이를 통해 부적응 행동을 줄이는 것이 아니라 신뢰와 안전을 쌓으면서 부적응 행동을 줄이기 위해 노력한다. 우리는 이러한 도전적인 상황과 마주할 때 자기 조절과 자비를 보여줄 수 있어야 한다. 행동화를 보이는 학생들에게는 구성원들이 안전하게 생활할 수 있도록 한계와 경계에 대해 이야기해야 하지만, 이때 비난을 하거나 수치심을 일으키는 방식은 피해야 할 것이다. 당연히 이와 같은 방법을 실천하는 것이 쉬운 일은 아니다! 그러나 우리가 이러한 일에 존엄과 존중을 쌓는 방식으로 접근하면, 학생들의 부적응 행동은 교사와 학생 모두를 위한 배움과 성장의 기회로 바뀔 것이다. 다음은 이러한 상황에서 교사가 취할 수 있는 몇 가지 행동이다.

• 학생들의 성격 발달을 위해 과학적이고 미래 지향적인 접근을 선택하는 것이 효과적일 것이다. 교사와 학생은 다음 질문에 함께 답해 볼 수 있다: 그 일은 왜 일어났을

까? 다음에는 어떤 다른 좋은 선택을 할 수 있을까?

- 학생 개개인을 단순하게 학생으로 보는 것이 아니라 한 사람 한 사람으로 대하면서 적극적으로 긍정적인 관계를 형성한다. 학생들의 학교 밖 생활에도 관심을 가지면서 유대감과 공감을 확대하는 것이 좋다.
- 학생들에게 진실하고 따뜻한 행동을 보여준다. '많이 아는 것보다, 많이 배려하는 것이 더 중요하다'는 명언이 있다. 교사를 힘들게 하는 학생이 있다면, 친절하게 대하는 것이 어려울 수 있다. 그렇기 때문에 이렇게 행동하는 것이 더 중요하다고 할 수 있다.
- 그 학생도 행복하고 건강하기를 원하는 마음이 있다는 것을 기억하면서 학생에게 사랑과 친절, 자비를 실천한다.

학생들이 SEE Learning 교육과정의 활동을 하면서 자극을 느낄 수도 있다는 것을 알아두는 것이 좋다. 따라가기와 호흡하기를 하면서 자신의 신체와 호흡을 만나면 불안이나 불쾌함 등을 느낄 수 있고, 과거에 있었던 힘든 경험을 떠올릴 수도 있다. 활동을 시작할 때 학생들에게 이런 반응이 일어날 수도 있으며, 이것은 예상하고 극복할 수 있는 정상적인 반응이라는 것을 알려주는 것이 좋다. 그리고 이런 경우 중립적이거나 긍정적인 감각으로 주의를 돌리도록 한다. 학생에게 추가적인 정서적 지원이 필요할 경우를 대비해 이용 가능한 지원과 조력자를 확보해 둔다. 학교 내에 학생의 고통에 대해 자비롭게 대응해 줄 상담 선생님, 보건 선생님, 교감 선생님이 있다면 도움을 받을 수 있을 것이다. 학생들에게 강한 감정을 다루고 해소할 수 있는 시간과 공간을 주면 상황이 악화되는 것을 막을 수 있다.

회복탄력성 증진하기

SEE Learning은 단점을 보완하는 것이 아니라 강점을 개발하는 것에 초점을 둔다. SEE Learning 교육과정에 있는 기술들은 트라우마를 경험한 학생들에게 자기조절감과 유능감을 키워준다. 트라우마가 없는 학생들에게는 앞으로 인생에서 마주하게 될 도전 과제들을 잘 다루는 능력을 길러줄 것이다.

현재 많은 교육자들은 '외상 치유적 접근'에 대해 배우고 있다. 이 접근법은 아동의 생물학적, 사회적, 정서적 발달에 대한 트라우마의 영향을 과학적으로 연구한 논문들을 토대로 교실에서 활용할 수 있는 여러 활동을 만들어 제공한다. 트라우마는 우리가 감당할 수 없는 문제에 직면했을 때 나오는 반응이다(Miller-Karas, 2015). 빈곤이나 폭력, 학대, 자연재해, 질병 등이 이러한 심각한 문제의 예가 될 수 있다. 세계적으로 진행한 연구에 따르면, 세계 모든 곳에 있는 상당수의 아동이 트라우마에 의해 고통받고 있는 것으로 드러났다.

트라우마로 고통받는 아동은 정서적, 심리적, 신체적 충격을 받아 자기를 조절하는 능력이나 신뢰를 형성하는 능력, 집중하고 학습하는 능력이 낮을 수 있다. 트라우마가 있는 아동들은 어디에나 존재하지만, 자신의 학생이 트라우마를 겪고 있다는 사실을 인식하는 교사는 많지 않다. 속담에 있는 말처럼 "이야기가 *존재한다는* 것을 알기 위해 이야기의 내용을 알 필요는 없다."

SEE Learning은 몸과 마음에 대한 통합적인 이해를 트라우마에 적용하고, 회복탄력성을 증진하는 방법을 제공한다. 구체적으로, SEE Learning은 다음의 네 가지 방법을 통해 아동의 회복탄력성을 강화할 것이다.

❶ 학생들이 교사와 다른 학생들에 의해 공정하게 대우받고 존중받으며 소속감을 키울 수 있는 자비로운 교실 환경을 제공한다.

❷ 학생들이 자신의 몸을 잘 조절하고 돌볼 수 있도록 알아차림을 개발한다.

❸ 자신과 타인의 긍정적인 관계를 형성하는 데 도움이 되는 자기 자비와 타인 자비를 길러준다.

❹ 교사와 학생이 일상의 스트레스와 어려운 상황을 잘 관리하고 극복할 수 있도록 관련 기술과 태도를 가르치고 연습한다. 교육과정 2장에서 구체적으로 설명하는 바와 같이, 도전적인 상황에 직면했을 때 자원에 접근할 수 있도록 개인적, 사회적 자원을 확인하고 구성하도록 돕는 과정을 통해 회복탄력성을 기를 수 있다.

학생을 시스템적 사고를 하는 의사 결정자로 바라보기

SEE Learning 프로그램이 가지고 있는 혁신적인 부분 중 하나는 모든 연령대에 '시스템적 사고'의 발달을 도입했다는 것이다. 시스템적 사고를 다루는 장에서 개념을 설명하고 있지만, 교사가 학생들을 시스템적 사고를 하는 사람으로 인식하고, SEE Learning 프로그램이 어떻게 학생에게 내재된 시스템적 사고를 육성하도록 설계되어 있는지 이해하는 것이 중요하다.

대니얼 골먼은 시스템 지능에 대해 다음과 같이 설명한다. "우리에게 내재된 시스템 지능은 생의 초기부터 형성된다. 성장하면서 이것이 적절하게 길러지면 놀라운 범위와 깊이로 발전할 수 있다."[68] SEE Learning은 전 교육과정에서 학생들의 시스템적 사고를 개발하는 수업을 진행한다. 특히 7장과 마지막에 있는 캡스톤 프로젝트에서 학생들이 예술이나 사회 활동 프로젝트에 함께 참여하는 것을 통해 시스템적 사고를 기른다. 그러나 시스템적 사고는 이 프로그램의 내용이 다른 교과목이나 스포츠, 사교활동, 과외활동 등 일상생활과 연계될 때 가장 잘 길러질 수 있다. 이렇게 다양한 방법으로 연계하면, 학생들이 SEE Learning에서 학습한 내용을 종합적으로 이해하게 됨과 동시에, 학교에서 학습하는 내용이 자신과 타인의 삶에서 경험하는 실제적인 문제와 관련되어 있음을 확인하게 될 것이다.

대니얼 골먼과 피터 센지는 *The Triple Focus*'에서 사회 정서학습에 시스템적 사고를 결합할 때 고려해야 할 몇 가지 교육적 원칙을 제안하고 있다.

학습자의 현실과 이해의 과정 존중하기

학습자와 연관된 문제 다루기

학생들이 문제에 대한 자신만의 해결 방안을 구상하고 시험해 볼 수 있도록 돕기

---

[68] http://www.danielgoleman.info/daniel-goleman-what-are-the-habits-of-a-systems-thinker-2/

학생들이 함께할 수 있는 일을 제공하기

행동과 사고에 중점을 두기

학생들이 자신의 배움에 책임질 수 있도록 하기

학생들이 서로에게서 배울 수 있도록 또래 간 상호작용을 장려하기

교사를 설계자, 촉진자, 의사결정자로 인식하기[69]

교사는 학생들이 자신이 배운 것과 자신의 삶을 연결시킬 수 있도록 장려하면서 시스템적 사고를 길러줄 수 있다. 또한, 학생들에게 시스템적 관점에서 자신의 경험과 결정을 바라보게 하고, 자신의 행동이 다른 사람에게 미치는 영향과 자신의 결정에 영향을 준 요인을 탐구하도록 하면서 시스템적 사고를 키울 수 있다. 시스템적 관점은 행동과 감정을 더 큰 맥락에서 이해하도록 돕기 때문에 자기 자비와 타인 자비를 키우는 데 도움을 준다.

SEE Learning에서 시스템적 사고를 포함시킨 중요한 이유 중 하나는 그것이 윤리적으로 책임 있는 의사 결정을 하는 데 필수적이기 때문이다. 어떤 결정이 자신과 타인에게 장기적으로 미칠 영향에 대해 생각하지 않고 습관적으로 내려진 것이라면, 학생들은 그것에 책임지지 않으려 할 것이며, 자신에게도 유익하지 않을 것이다. SEE Learning에서는 윤리를 권위를 가진 사람이 시켜서 해야 되는 하나의 의무로 제시하지 않는다. 이 프로그램에서는 학생들이 자신의 결정에 대해 돌아보고 그것이 자신과 타인에게 미치는 영향에 대해 생각해 볼 수 있도록 돕는다. 이러한 생각이 자신과 타인을 위한 자비와 돌봄에 결합되면, 시스템적 사고는 학생들이 윤리적이고 책임 있는 의사 결정을 하도록 이끌 것이다.

---

69   Daniel Goleman and Peter Senge, *The Triple Focus: A New Approach to Education*, More Than Sound.

학습촉진자로서의 교사

SEE Learning은 학생과 교사 모두가 새롭다고 느낄 수 있는 정보를 제공한다. SEE Learning을 가르치기 위해서 자비나 알아차림, 실천에 대한 전문가가 될 필요는 없다. 단, 이 분야에 대한 진정한 관심과 학생들의 능력을 발전시키고자 하는 진심과 열망, 그리고 SEE Learning이 학생들과 지역사회에 도움이 될 것이라는 진실한 희망이 있어야 한다. SEE Learning을 진행하는 동안 교사는 학습촉진자 역할을 하게 될 것이다.

학습촉진자의 주된 임무는 학생들이 수업에 쉽게 참여할 수 있도록 도와주는 것이다. 즉, 학생들이 바른 방향으로 탐구하고, 비판적으로 사고하며, 통찰하고 기술을 연습하고 표현할 수 있도록 돕는 것이다. 학습촉진자는 모든 학생들이 함께하는 경험과 개별 학생들이 하고 있는 경험을 파악하고 있어야 한다. 또한, '무대 위의 현자'가 아니라 '곁에 있는 안내자'가 되어야 한다. 학습촉진자는 학생들과 함께 궁금해하며, 어려운 개념을 학생들이 명확하게 이해하는 방법을 찾을 수 있도록 도와주어야 한다. SEE Learning 수업에서는 학생들이 발달 단계에 맞는 새로운 어휘나 개념을 이해할 수 있도록 시간을 만들어 줄 수 있다. 또한 새로운 개념을 학생들이 이미 알고 있는 생각이나 경험과 연결시킬 수 있도록 도와줄 수 있다. SEE Learning 수업을 하다 보면 새로운 개념을 소화하는 데 더 많은 시간이 필요할 때가 있을 것이다. 이때에는 수업을 다시 반복하거나, 주제를 살펴볼 수 있는 다른 방법을 사용할 수 있다.

또한, 학생들이 예상치 못한 대답이나 틀린 것처럼 보이는 대답을 할 수도 있다. 만약 이런 상황이 온다면 학습촉진자가 어떻게 반응하는 것이 좋을까? 학습촉진자는 자신이 미리 정해놓은 목표에 도달하는 데 집중하기보다는 학생들의 학습 요구와 탐구 과정을 우선해야 한다. SEE Learning 수업 활동이 가지는 장점 중 하나는 학생들의 탐구, 조사, 통찰을 장려한다는 점이다. 따라서 여기서는 학생들에게 특정한 대답이나 관점을 유도하는 대신, 학생들이 깨어 있는 대화와 적극적인 경청에 참여하고, 비판적인 사고를 적용하며, 조망수용능력을 사용해 교육 내용에 대해 이해할 수 있도록 한다. 물론 가장 중요하거나 진실이라고 생각되는 부분을 학생들에게 빨리 구체적으로 이해시키고 싶은 충동이 일어날 수 있다. 하지만 그 충동은 다스리는 것이 좋다. 학생들은 질문하고, 관찰하고, 가설을 세우고 확인하는 과정을 통해 더 많이 배울 수 있다. 이런 과정을 통해 학생들은 자신만의 중요한 통찰과 아하! 하는 깨달음의 순간을 갖게 될 것이며, 학습 주제에도 진정성을 가지고 다가가게 될 것이다.

학습촉진자로서 교사는 감정, 관계, 인성 등에 대한 문제를 다룰 때 모범을 보여 주어야 한다. 학생들에게 느끼고, 행동하고, 결정하는 방식을 지시하고 명령하는 것보다, 개별적이고 협력적으로 탐구하면서 비판적으로 사고하고 대화를 통해 배울 수 있도록 다양하게 접근하는 것이 좋다. 학습과 통찰을 최대로 키울 수 있는 방법을 제공하는 것은 교육자의 몫이다. 설교하듯 특정 견해를 강요하는 것은 이 과정을 조기에 종결시켜 버릴 수 있다. 처음에는 학생들이 그들 나름의 통찰을 얻었을 때 교사가 생각하는 신념이나 생각, 경험에 부합하지 않더라도 지지해 주는 것이 중요하다. 이렇게 하면 학생들 사이에 탐구하고 질문하는 분위기가 조성될 것이다. 교사는 학생들이 어떤 문제에 대해 중요한 결론에 도달하는 데 일정 정도의 시간이 필요하다는 것을 인식하면서 그 과정을 신뢰해야 한다. 반성적 활동은 더 깊게 탐구하고 얻은 통찰을 내면화해 체화된 이해로 이끈다. 이것은 학생들이 의사 결정을 진행하고 관계를 형성하는 데 중요한 영향을 미칠 것이다.

학습자로서의 교사

앞에서 설명했듯이, 교육과정에 제시된 정신적이고 정서적인 태도와 기술을 가르치고 탐구하기 위해서 교사가 전문가가 될 필요는 없다. 학습촉진자인 동시에 학습자의 위치에 놓이는 것은 자신이 가르치는 교과목에서는 늘 '배우는 자'가 아닌 '가르치는 자'의 역할을 해온 교사들에게 어색한 경험이 될지 모른다. 그러나 이러한 교사들에게 SEE Learning의 학생이 되는 기쁨을 선사하고 싶다! 온라인 교사 교육과정과 교사들의 학습공동체, 그리고 개인적인 연습을 통해 교사들은 학생과 함께 스스로의 이해를 심화하고 새로운 기술을 개발해 문제를 해결하면서 성취감을 맛보게 될 것이다. 이 학습 여정은 학생들과 함께 토론할 때 이야기할 수 있는 공통적인 경험을 제공할 것이다. 함께하는 경험은 공감과 이해를 만들고, 교사와 학생 간에도 긍정적인 관계를 형성하도록 돕는다. 어쩌면, 학생들이 아하! 하고 깨닫는 순간과 비슷한 순간을 교사가 경험하게 될 수도 있다. 그리고, 전달된 지식이 중요한 통찰로 넘어가는 단계를 경험하면서 깊은 이해를 가지게 될 수도 있다. 교사 스스로가 SEE Learning 프로그램을 진행하면서 호기심과 자비로운 마음을 갖고, 비판단적이고 열린 마음으로 교육과정을 받아들이면, 학생들도 교사의 이런 점을 본받을 것이다.

우리가 기존에 알고 있는 전통적인 교수자 역할뿐 아니라 학습촉진자로서의 역할도 수행한다는 것은 '정답'을 알고 있어야 한다는 전통적 교사에 대한 기대를 내려놓게 하며, 학습자로서 경험에 참여하게 만든다. 따라서 SEE Learning에서 학생들에게 강화되는 역량은 실제로 교사에게도 똑같이 적용된다. 그리고 이것은 다른 모든 사람에게도 적용될 수 있다. 이 역량들은 평생 배워나가야 하는 기술이다. 나중에는 이러한 역량을 개발하기 위해 개인적으로 연습하는 시간을 만들 수도 있을 것이다. 하루에 한 번이나 1주일에 몇 번 정도 시간을 정해 놓고 자원 활용하기, 접촉하기, 집중력 훈련, 반성적 활동 등을 할 수 있다. 규칙적으로 연습하기로 결심하고 실천하면, 시간이 지나면서 이해와 기술이 깊어질 것이다. 이를 통해 학생들의 경험을 안내하는 능력이 향상될 것이며, 스스로도 교육과정의 혜택을 볼 수 있을 것이다. SEE Learning의 강화되는 역량을 계속해서 개발하기 위해서 다양한 자원과 추가적인 교육을 받을 수 있으며, 온라인 교사 플랫폼과 웹세미나를 이용할 수도 있을 것이다.

모델로서의 교사

"아이들은 우리가 말하는 것이 아니라 행동하는 것을 배운다"라는 말이 있다. 사회학습이론에 따르면 아이들은 주위의 성인들이 보여 주는 행동을 관찰하면서 학습한다. SEE Learning을 가르치는 많은 교사가 이 학습 여정에 있다는 점을 감안할 때, 교육과정 수행에서 기대되는 적절한 수준의 모델링은 어떤 것일지 생각해 보아야 한다. 최소한 교육자는 SEE Learning 교육과정에 대한 호기심과 설렘을 가지고 동료 교사와 학생에게 친절, 공감, 자비, 존중 등을 보여줄 수 있으며, 깨어 있는 대화에 참여하고, 회복탄력성 기술을 지속적으로 사용할 수도 있다. 또한, 사회복지 사업이나 사회활동 프로젝트에 참여할 수 있으며, 이후에 이러한 경험을 학생들과 함께 나눠볼 수도 있다.

깨어있는 집중mindful attention을 개발하고 싶다면, 개인적으로 알아차림 연습을 시작해보길 권한다. 짧게 5분 정도라도 정기적으로 연습하면 효과가 나타날 것이며 몸, 호흡, 생각, 감정, 행동에 의식을 확장할 수 있다. 이러한 알아차림은 교사라는 직업에서, 그리고 삶의 모든 영역에서 집중의 질을 높여줄 것이다. 학생들은 교사가 보여 주는 알아차림과 자비와 실천을 보고 배우면서 도움을 받게 될 것이다.

문화에 적합하게 수정하기

SEE Learning은 특정 철학이나 문화를 장려하는 교육과정이 아니라 누구에게나 적용 가능한 보편적인 교육과정이다. 여기서 가르치고 개발하고자 하는 핵심 역량은 개인과 사회에 유익한 것으로 여겨지는 기술들이다. 다시 말해, SEE Learning은 모든 배경의 사람이 공정하고 평화로운 관계를 맺을 수 있도록 대중 윤리를 개발하는 프로그램이라 할 수 있다. 교육과정의 내용이나 준비물은 문화에 적합하게 수정할 필요가 있다. 교육과정 개발 시 일부 문화에 국한된 예시와 이야기는 최대한 배제하기 위해 다양한 문화적 배경을 가진 사람들로부터 피드백을 받았다. 그럼에도 불구하고 여전히 교사의 문화나 상황에 적용하기 위해 수정이 필요한 부분이 있을 수 있다.

문화적으로 적합하면서 교육과정의 본래 목적에도 부합되도록 수정하기 위해서 다음 사항을 참고할 수 있다.

핵심 주제를 설명하는 예제를 바꿔 학생들의 일상적인 경험과 연결 시킨다.	학생들이 주제를 잘 이해하도록 돕는다면, 교사 자신의 이야기를 사용할 수도 있다.	학생들에게 자신의 경험과 문화를 이야기해 보도록 한다. 그렇다고 학생들에게 자신의 문화를 말하도록 강요하지 않으며, 자신의 이야기가 환영 받고 있고 이곳은 안전한 공간이라는 것을 느끼도록 한다.	학생들의 흥미를 파악하고 가능하다면 이를 수업에 적용한다.	교육과정의 언어가 문화적으로 익숙하지 않거나 학생들의 경험을 대변하지 않는 경우가 있을 수 있다. 그렇다면 배움에 장애가 되지 않을 정도로 적절하게 수정한다.

다양한 학습자의 요구 충족하기

모든 교실과 단체는 다 다르기 때문에 수업을 진행할 때 학생들의 학습에 필요한 것을 고려하는 것이 중요하다. 학생이 자신의 능력을 최대한 발휘해 수업에 참여할 수 있도록 필요한 부분은 수정해서 진행한다.

수업 시간은 기본적으로 줄이거나 늘릴 수 있다. 학생들이 수업을 어렵다고 느끼거나 집중을 잘 하지 못한다면, 수업 활동을 두 번으로 나누어 진행해도 좋다. 아니면, 같은 수업 활동을 다시 한 번 진행하거나 같은 개념을 반복해서 다룰 수도 있다. 수업 시간을 연장해 좀 더 깊이 있게 탐구하도록 돕는 것도 좋다. 특히 토론 시간을 늘리거나 역할극과 프로젝트를 진행하면서 기술을 직접 실천해볼 시간을 충분히 줄 수도 있다.

다음은 학생들이 특정 영역에 어려움을 겪고 있을 때 그들을 위해 수업을 진행하는 방법을 설명한 것이다.

집중력

집중을 잘 하지 못하는 학생에게는 알아차림 연습이 어렵게 느껴질 수 있다. 이때에는 시간을 축소해 진행한다. 대신 학생들이 감각이나 호흡에 주의를 기울여 집중하고 신체를 안정시킬 수 있도록 도입 시간을 30초씩 늘려갈 수 있다. 학생들은 과도하게 쌓인 몸 속 에너지를 방출하고 마음을 집중하기 위해 몸을 움직여야 할 때가 있다. 가능하면 학생들에게 스트레칭을 할 수 있는 시간을 주어 몸을 움직이도록 한다. 이렇게 하면 다음 과제를 쉽게 수행할 수 있을 것이다. 학생들의 집중력은 교사가 너무 많은 말을 하거나 수업이 지루하거나 자신의 삶과 관련이 없는 이야기를 하는 경우 쉽게 흐트러진다. SEE Learning 수업에 잘 참여할 수 있도록 돕기 위해서는 학생들이 배운 새로운 기술을 연습하고, 확인하고, 보여줄 기회를 만들어 주는 것이 좋다. 따라서 연극, 자유롭게 글쓰기, 그림 그리기, 연결망 그리기, 노래 부르기, 시 쓰기, 만화 그리기, 오디오 녹음하기, 비디오 촬영하기 등 학생의 흥미와 관심을 불러일으킬 만한 방법을 다양하게 활용하는 것이 좋다.

안내 따르기

학생들은 여러 이유로 선생님이 안내하는 대로 따라가는 데 어려움을 겪는다. 일부 학생들에게는 집중력이 원인이 되기도 하고, 다른 학생들에게는 언어 처리 능력이나 읽기 능력이 원인이 되기도 한다. 이때에는 안내 사항을 여러 개로 나누어 하나씩 제시하고, 이해했는지 확인하면서 학생들을 도울 수 있다. "정확히 알겠어?", "질문 있어?", "이해했니?"라고 묻는 대신 방금 전에 이야기해준 사항을 다시 한 번 말해보도록 하는 것도 좋다. 아니면 옆에 앉은 친구에게 들은 내용을 다시 한 번 설명해 보도록 하는 방법도 있다. 전체 학생들에게 '처음, 다음, 마지막'(즉, 단계적으로)으로 나눠서 해야 할 일을 이야기해 보도록 물어볼 수도 있다. 어떤 학생이 안내한 사항을 이해하는 데 어려움을 겪고 있다면, 다른 학생에게 설명을 하도록 하거나 도움을 주도록 요청할 수도 있다. 안내 사항은 말로만 설명 하지 말고 종이에 써서 함께 읽어 본다. 마지막으로, 완전하게 다 쓰거나 말로 설명하는 것보다 '관찰하고 따라가는' 것이 더 나은 경우는 언제인지 생각해보는 것도 좋다.

언어 문제

모국어가 다르거나, 언어를 처리하는 데 어려움이 있는 학생, 혹은 읽기, 쓰기, 말하기에 제한이 있는 학생들은 교육과정에 잘 참여할 수 있도록 추가적인 지원을 해줘야 하는 경우가 있다. 이를 위해서 아래의 자료를 참고한다.

- 주요 어휘나 개념이 적힌 단어 카드
- 사진 자료나 그림
- 새로운 단어와 정의가 시각적으로 표시된 단어 목록이나 벽에 붙이는 단어표 word wall
- 단체로 큰 소리로 읽기

- 이야기 속 핵심 단어에 밑줄 긋기
- 대체 단어를 사용하기. 회복탄력성 영역은 OK 영역이라고 부를 수 있으며, 학생들이 의미 있는 이름을 새로 붙일 수도 있다.
- 문자−음성 변환 프로그램과 같은 보조 기구 사용하기

SEE Learning 수업에서 학생들은 새로운 개념과 기술을 많이 배우게 될 것이다. SEE Learning은 학생들이 자신과 타인에 대한 알아차림을 확장하고, 자비와 인성을 키우며, 사회적 선과 행복에 기여하는 긍정적인 행동에 참여하도록 격려하기 위해 개발되었다. SEE Learning을 통해 학생들은 자신의 가치를 탐구하고 세계에 대해 이해하며, 그 안에 있는 자신의 위치를 인식하게 된다. 또한 집중력, 회복탄력성, 의사소통 영역에 있는 구체적인 기술도 배운다. SEE Learning 교육과정은 학생들이 전달된 지식에서 체화된 이해로 나아가는 여행을 촉진하도록 설계되었다. 이 과정은 시간이 오래 걸리며 결과를 완벽하게 예측하기 어렵다. 따라서 SEE Learning의 평가는 학생들의 언어 능력이나 수학 능력을 평가하는 것보다 더 어려울 수 있다. SEE Learning팀은 현재 평가 목록을 구성하고 있으며, 이에 대한 SEE Learning의 효과를 측정하기 위해 과학적으로 검증된 평가도구를 개발할 예정이다. 이러한 측정도구가 개발되어 사용할 수 있을 때까지, 학생들이 배우고 성장한 것을, 그리고 자신이 배우고 성장한 것을 비공식적으로라도 평가해 보길 권한다. 평가에 대한 세부 사항은 아래에 제시돼 있으며, 이미 출판된 평가 도구를 사용하고 싶은 교사는 SEE Learning 온라인 플랫폼을 참고할 수 있다.

학생 자기 평가

학생들은 다음 질문에 대해 생각하면서 자기 평가에 참여할 수 있다.

SEE Learning 교육과정이나 활동을 통해 무엇을 배웠나요?

SEE Learning은 자신의 생각, 느낌, 행동에 어떤 영향을 주었나요?

자비는 자신에게 어떤 의미인가요? 모두가 친절하고 자비롭게 행동하면 세상은 어떤 모습으로 보여질까요?

주의를 집중하기 위해 사용하는 활동을 설명해 주세요.

회복탄력영역으로 돌아오기 위한 활동을 설명해 주세요.

SEE Learning에서 힘들었던 점은 무엇인가요?

이와 더불어, 학생의 행동과 작품을 관찰하면서 중요한 통찰이나 체화된 이해가 일어났는지의 여부를 평가할 수 있다. 다음의 영역에서 학생들의 능력이 얼마나 향상되었는지 확인해 본다.

- 신체를 조절하기 위해 사용하는 회복탄력성 기술
- 자비, 공감, 친절의 표현
- 마음챙김 활동에 대한 참여와 집중의 정도
- 자신의 느낌과 감각을 확인하고 이름 붙이는 능력
- 대화와 조망수용능력을 활용해 갈등을 해결하려는 의지와 능력

또한 학생들이 그린 그림이나 글, 프로젝트에서 만든 작품들을 살펴보고, SEE Learning에서 다룬 내용에 대한 이해도와 질문 능력, 그리고 비판적 사고의 발달 정도도 확인할 수 있다. 토론을 진행하거나 그룹별로 작업할 때 비판단적으로 경청하는지를 보면서도 학생의 이해도를 파악할 수 있을 것이다. 그러나 SEE Learning의 개념에 대한 체화된 이해가 가시적으로 드러나는 데는 시간이 걸리며, 교육과정을 일정한 방법으로 지속적이고 순차적으로 가르칠 때 가장 잘 나타날 수 있을 것이다.

그룹 평가

학생의 학습 정도를 평가하는 것과 더불어 전체 수업의 진행 상황도 평가할 수 있다. 이 때 학생들과 함께 만든 학급 규칙을 평가 도구로 활용할 수 있다. 이를 위해 다음 질문들에 대해 생각해 보자.

규칙을 얼마나 잘 지키고 있는가?	어떤 학급 규칙을 잘 따르지 못하는가? 그 이유는 무엇인가?	학생들이 규칙을 계속해서 잘 지키기 위해 서로를 위해 할 수 있다고 생각하는 것은 무엇인가?	규칙에 명시되거나 추가되어야 할 사항은 무엇인가?	교실 전체가 겪은 도전적인 순간은 무엇인가? 어떻게 그 힘든 순간을 헤쳐 나갔는가? 이를 통해 무엇을 배웠는가?	긍정적인 교실 분위기를 조성하는 데 SEE Learning의 어떤 개념과 기술이 작용했는가?	모든 사람들이 행복한 자비로운 교실을 만드는 데 SEE Learning의 어떤 기술이 더 사용되어야 하는가?

교사 자기 평가

SEE Learning의 목적이 학생들의 요구에 맞춰져 있긴 하지만, 교육자의 발전 또한 중요하다. SEE Learning을 가르치면서 교사가 실행하는 자기 평가는 매우 중요하다. 온라인 교육자 플랫폼은 자신이 세운 목표를 중심으로 자기 평가에 참여할 수 있도록 다양한 방법을 제공하고 있다.

교사들은 보통 개인적인 차원과 전문적인 차원에서 목표를 세운다. SEE Learning에서 이러한 목표는 서로 연결된다. 예를 들어, 강화되는 역량 중 자비심이나 알아차림의 영역을 좀 더 개발하고 싶다면 이는 학생들과의 관계뿐 아니라 자신과의 관계, 일상에서 만나는 동료나 다른 사람과의 관계에도 영향을 미칠 것이다. 학습 공동체를 만들어서, 또는 같은 학교나 SEE Learning에 참여하는 다른 학교에 있는 교사 단 한 명이라도 만나서 자신의 이해와 능력이 어떻게 발전하고 있는지에 대해 이야기하는 것은 자기 평가의 또 다른 방법이다.

교장과 행정가의 리더십과 지원

SEE Learning의 효과를 극대화하기 위해서는 교장 선생님과 교육 행정가들의 리더십과 지원이 필요하다. 학교 지도자는 교사와 학생들이 SEE Learning을 배우고 실행하는 데 엄청난 영향력을 가지고 있다. 다시 강조하면, 모델링은 아주 중요하며 이는 학교 구성원 사이에 SEE Learning에 대한 열정과 자신감을 높이는 데 큰 도움을 준다. 따라서 학교 지도자는 직장에서 상호 작용을 할 때 자비, 존중, 알아차림, 실천을 우선시하고 이에 대한 모범적인 자세를 보여 주어야 한다. 교육감, 교장, 교감, 조직 책임자, 프로그램 담당자는 다음 사항을 고려할 수 있다.

비전과 목표에 대한 인식 제고하기

SEE Learning을 시작하고 유지하는 데 도움이 필요한 교직원, 학부모, 그리고 기타 이해 관계자들에게 프로그램에 대해 자세히 알린다.

SEE Learning이 학교의 비전과 목적에 어떻게 부합되는지 명확하게 설명한다.

학생과 교직원이 받게 될 SEE Learning의 긍정적 효과와 혜택에 대해 부모와 관계자들에게 분명히 전달한다.

SEE Learning의 주요 개념과 활동을 배우고 실천하는 과정에 교직원도 참여시킨다.

SEE Learning에서 가르치고 있는 개념과 기술이 발현되는 곳이 학교라는 것을 기억하고, 학생들이 SEE Learning에서 배운 것을 다른 학급의 학생, 학부모, 보호자, 지역사회에 있는 여러 사람들에게 보여 주고 공유할 수 있는 기회를 마련한다.

학교 규율과 문화적 관습을 SEE Learning의 원칙에 맞게 조율해 함께 가르치고, 이를 통해 배우는 것과 실천하는 것이 일치될 수 있도록 돕는다.

프로그램을 시작하는 데 필요한 자금을 확보한다.

임기가 끝나고 새로운 구성원이 오거나 자원에 불가피한 변화를 맞게 되더라도 프로그램이 계속 실행될 수 있도록 계획한다.

SEE Learning이 지역 학교와 지방 정부로부터 지원을 받을 수 있도록 모범이 될만한 모델을 구상한다.

가족과의 연계

SEE Learning 교육과정은 각각의 장이 시작될 때 학생들이 배우고 있는 내용과 기술을 부모나 보호자에게 알려줄 수 있도록 편지를 제공하고 있다. 이 편지는 학부모와 보호자에게 현재 자녀가 경험하고 학습하는 내용을 알려주고 SEE Learning 개념과 기술을 가정과 연계할 수 있도록 지원한다. 이 편지는 부모 참여를 높이는 여러 방법 중 하나다. 다음에 제시된 내용을 통해 다른 방법도 생각해 볼 수 있다.

- 학생들이 교육과정에서 제시된 주제에 대해 가족인터뷰를 진행한다.
- 학생들이 현재 배우고 있는 내용에 대해 직접 편지를 써 부모님이나 보호자에게 전달한다.

- 부모와 보호자를 위한 교육을 진행해 회복탄력성 기술의 내용과 활용방법을 알려준다.
- 교육과정의 내용을 좀 더 자세히 알고 싶어하는 부모에게는 관련 자료를 제공한다.
- 학부모 상담기간이나 신학기 행사기간, 혹은 평상시에 SEE Learning 수업에서 만든 학생들의 작품을 교실이나 학교에 전시한다.
- 사회활동이나 봉사활동 등 학생들이 SEE Learning에서 배운 지식을 실천에 옮기는 결정적인 순간에 부모님을 초대해 함께 참여한다.
- 집중력, 자비, 자기 조절, 대인 관계 인식, 그리고 다른 역량들이 어떻게 향상되고 있는지에 대한 정보를 부모님과 보호자에게 제공한다.

교육에 있어서 부모는 중요한 역할을 한다. 따라서 SEE Learning에 관심 있는 학부모에게 많은 자료를 제공하는 것이 교육과정을 성공적으로 이끄는데 도움을 줄 것이다. 교사와 부모는 아이들이 행복하고 건강하게 자라길 바라는 공동의 목표를 가지고 있다는 것을 기억하고, 이를 위해 다양한 방법으로 함께 협력해 나가야 할 것이다.

| 주요 용어 정의 |

역경
현재 겪고 있는 어려움이나 장애물. 어려움은 신체적이거나 심리적일 수 있으며, 개인적 차원이나 집단적 차원에서 발생할 수 있다. 또한 단발석이거나 구조적, 혹은 총체적인 문제로 발생할 수 있다. 유아기에 발생하는 어려움은 성장에 부정적인 영향을 줄 수 있으므로 SEE Learning에서는 개인적 회복탄력성과 더불어 시스템과 구조적 변화도 함께 도모해 어려움이 가져오는 유해성을 줄이는 데 초점을 둔다.

정서적
감정이나 느낌을 가지는 것. 인지나 생각을 의미하는 인지적인 것의 반대로 쓰이기도 한다.

분별
어떤 상황에 얽혀 있을 때 정서적 반응을 이끌어 내는 상황에 대한 평가(긍정적이거나 부정적이거나).

집중
어떤 것에 초점을 두고 알아차리는 정신적 과정. 몰입. SEE Learning에서는 자신의 내면, 타인의 존재, 확장된 시스템에 집중하는 것을 의미한다.

집중력 훈련
자신의 느낌, 생각, 충동에 끌려가지 않고 집중하는 것을 배우는 체계적인 방법들. SEE Learning의 집중력 훈련에서는 자신의 내면, 타인의 존재와 감정, 확장된 시스템에 대해 집중하는 것을 배운다.

자율신경계(ANS)
자호흡, 심장박동, 소화와 같이 무의식적으로 기능하는 신체조절능력. 신경계의 일부이다. 자율신경계는 교감신경(싸우거나 도망가거나)과 부교감 신경(쉼과 소화)으로 이루어져 있으며, 트라우마나 과도한 스트레스로 인해 부조화를 일으킬 수 있다.

알아차림
내부와 외부에서 일어나고 있는 어떤 것을 인식하거나 아는 것. SEE Learning의 알아차림은 생각, 감각, 정서를 개인적 수준에서 1인칭 시점으로 인식하고 이해하는 것을 의미한다. 이를 통해 사회관계적 수준에서 타인의 정서와 욕구를 이해하고, 궁극적으로는 시스템 수준에서 상호의존성과 보편적 인간성에 대해 깨닫는 것을 말한다.

인간의 기본 덕목 및 가치
상식, 일반적 경험, 과학으로부터 도출한 보편적 덕목으로 자비, 자기 수양, 감사, 관대함, 용서, 공정 등을 말한다.

행동
사람이 몸이나 말로 취하는 동작.

신체이해력
몸에서 일어나는 감각을 알아차리고 언어로 표현하는 능력. SEE Learning의 신체이해력은 학생들이 자율신경계를 조절하고 스트레스를 알아차리며 조절할 수 있도록 돕는다.

소진
정서적 고갈 상태. 공감적 관심(타인 중심)보다 공감적 고통(자신 중심)을 갖게 되면 타인에게 과하게 공감하게 되기 때문에 소진이 올 수 있다.

인지
알아차림, 평가, 인식, 기억과 같은 정신적 작용. 단순한 알아차림도 인지적 작용 중 하나이며, 일반적으로는 사고와 같은 체계적인 인지 과정을 일컫는다.

인지적	인지와 생각을 갖는 것. 느낌이나 감정과 같은 정서적이라는 용어의 반대로 쓰인다.
보편적 인간성	개별적인 차이는 있지만 사람들은 비슷한 점을 가지고 있으며, 모든 인간은 근본적으로 평등하다는 것. 우리는 모두 태어나고, 나이 들고, 죽는다는 면에서 같다. 또한 행복을 원하고 고통은 피하고자 한다는 점에서도 같다. 똑같이 감정과 몸을 가지고 있으며, 성장과 생존을 위해 타인의 도움이 필요하다.
자비	타인의 행복과 안녕을 바라고 진심으로 위하는 마음으로 고통을 줄여주거나 막아주려는 마음을 내는 것. SEE Learning의 강화되는 역량인 자비는 친절, 공감, 자신과 타인의 행복과 고통에 대한 염려 등을 통해 자신과, 타인과, 그리고 모든 인류와 연결되는 방법이다.
자비에 기반한 인성(윤리)	자비와 같은 인간의 기본 덕목이 종교나 이상적인 접근이 아니라 상식, 일반적 경험, 과학으로 부터 온다고 보는 윤리적 접근법. 종교적 믿음을 가진 사람뿐 아니라 모든 사람들에게 적합한 보편적이고 대중적인 윤리를 지향한다.
역량	삶의 기술. 학생들이 시간을 들여 개발하는 특정 분야에 대한 이해를 말한다. SEE Learning에서는 강화되는 역량 목록으로 제공된다.
갈등 전환	갈등을 해결하거나 끝내는 행위뿐 아니라 그 과정에서 모든 사람들에게 유익하도록 관계를 형성하는 것. 갈등에 건설적으로 반응하고 협력, 화합, 평화적 관계를 촉진하는 능력을 의미한다.
건설적인	(감정과 행동을 설명하는데 있어서) 자신과 타인에게 해가 아닌 유익한 방향으로 나아가는 것.
건설적 시각	현실적으로 생각하는 것. 자신과 타인에게 해로움보다 도움이 되는 방향으로 바라보는 것을 말한다.
구성주의 교육/ 구성주의	학생들이 수동적으로 정보를 받아들이고, '정답'이 외부로부터 주어지는 것이 아니라 스스로질문하고 탐구하고 발견하는 과정을 통해 자신만의 결과와 통찰로 이어지는 교수학습법. SEE Learning은 구성주의적 접근법을 따른다.
명상 활동	새로운 통찰을 만들고, 기존의 통찰을 강화하기 위해 반성적 시간을 갖고 내면적 가치를 개발하는 활동. 이를 통해 체화된 이해가 가능해진다. SEE Learning에서 명상은 비종교적이며 대중적이며, 반성적 활동이라는 용어로 사용된다.
중요한 통찰	진리를 깨달은 개인적 통찰. 점진적으로 일어날 수도 있고 갑작스런 깨달음으로 아하! 하는 순간을 가질 수도 있다. 외부로부터 주어지는 정보를 습득하는 전달된 지식과는 다르다. 비판적으로 사고하고 반복적으로 연습해 익숙해지면 체화된 이해로 발전될 수 있다.
비판적 사고	자료를 분석하고 조사해 의문을 갖는 것. 이 과정에는 다양한 관점에 대한 탐색, 정보의 취합, 타인과의 대화와 논쟁 등 다양한 방법들이 사용된다. SEE Learning에서 가장 중요한 비판적 사고의 형태는 자신과 타인에게 장기적으로 좋은 것이 무엇인지를 확인하는 것이다.

문화적 겸손	자신의 문화적 관점과 그것의 한계를 인식하는 자세. 타인이나 그들의 문화적 배경과 생각을 편견, 고정관념, 판단 없이 열린 마음으로 배우려는 것을 말한다. SEE Learning에서는 지적 겸손이 하나의 예이다.
문화적 회복탄력성	어려움을 겪고 있는 사람들을 포함해 모든 이들의 행복과 안녕을 위해 노력하는 사회와 공동체의 가치, 신념, 실천으로 인권, 평등, 자비 등에 대한 신념을 말한다.
마무리	수업이나 활동을 끝내면서 그동안 배우고 경험한 것을 돌아보고, 기억하고, 나눌 수 있도록 질문 하는 시간.
교육과정 영역	수업 활동이나 지식을 특정 주제로 나누어 놓은 것. SEE Learning 교육과정 모형은 세 가지 영역, 즉 개인적, 사회 관계적, 시스템적 영역으로 나누어 교육 내용을 설명한다.
교육과정 차원	보다 큰 전체에서의 한 측면이나 모습. SEE Learning 교육과정 모형에서는 세 가지 차원으로 나누어 알아차림, 자비, 실천의 차원에서 교육 내용을 설명한다. 세 개의 교육과정 영역(개인, 사회관계, 시스템)은 각각 세 가지 차원을 다루고 있다.
파괴적인	자신과 타인에게 이득이 되기보다 해를 끼치는 방향으로 나아가는 것 (정서와 행동을 설명할 때 사용).
부조화	교감신경과 부교감신경의 균형이 깨진 상태. 스트레스나 트라우마로 인해 생길 수 있으며, 질병, 식습관, 환경적인 요인 등이 원인이 되기도 한다. 부조화는 사람들을 회복탄력영역에서 '튕겨져 나가게' 만든다. 반대의 상태는 항상성으로, 자율 신경계가 교감신경과 부교감신경의 균형을 유지하고 있는 건강한 상태를 의미한다.
교육자	교사, 상담사, 학교 행정가 등 교육 활동을 하는 성인.
체화된 이해	내재된 지식. 이 단계의 이해는 쉽게 사라지지 않으며, 학생들은 자신의 정체성을 드러내고 소통할 때 체화된 지식을 자연스럽게 사용한다. SEE Learning 교수학습 모형에서 가장 깊은 수준의 이해다.
감정 또는 정서	상황에 대한 개인적 평가에 따른 분노, 공포, 슬픔, 기쁨 등과 같은 정의적(느낌) 반응. 일반적으로 감정은 그 상황에 몰입 될수록 더 강렬하게 일어난다. 감정은 상황에 대한 평가를 통해 생기며, 몸의 여러 곳에서 느껴진다는 점에서 감각과 구별된다.
정서적 돌봄	신체적 돌봄을 통해 신체적 건강을 도모하는 것과 같이, 건강과 행복을 위해 정서적인 삶을 돌보는 것. 자신과 타인의 이익을 위해 감정을 확인하고 조절하는 능력을 기른다.
정서 지능	자신의 감정을 알아차리고, 이해하고, 조절하고, 표현하는 능력과, 타인의 감정을 민감하게 알아차리는 능력.
정서이해력	자신과 타인의 감정을 알아차리고 이해하는 능력. 정서 지능과 정서적 돌봄의 핵심 요소다.

공감적 관심	다른 사람의 상황을 이해하고 그들의 행복에 관심을 갖는 것. 공감적 관심은 타인 지향적이며, 공감적 고통은 자기 지향적이다.
공감적 고통	다른 사람의 고통에 자기 지향적인 방식으로 반응해 부담을 느끼거나 마음이 산란해지는 것. 공감적 관심은 타인을 돕는 진정한 자비로 나아가는 반면, 공감적 고통은 정서적 소진을 가져온다. 따라서 다른 사람의 고통이 아닌, 자신의 고통을 줄이기 위한 행동이 먼저 나온다.
공감	다른 사람의 정서적 상태를 이해하고 자신도 그렇게 느끼는 것. 공감은 타인의 감정을 느끼고 공명하는 정서적인 공감과 타인의 감정을 인식하고 이해하는 인지적인 공감으로 나뉜다.
공감 피로	공감적 고통으로 인해 일어난 정서적 마비 상태.
강화되는 역량	지속적으로 돌아보고, 숙고할 수 있는 지식의 기술과 종류. 교육적 경험과 삶 전체에 걸쳐 보다 깊게 체화할 수 있는 지식이다. SEE Learning의 주요 내용은 이러한 강화되는 역량들로 나누어져 있다.
참여형 수업	학생들이 수동적이고 정적인 방식으로 지식을 습득하는 것이 아닌, 활동적으로 참여하며 정보를 습득하고 체화하는 학습 전략과 방법.
실천	알아차림, 자비와 함께 SEE Learning의 세 가지 차원 중 하나. 자신과 타인, 그리고 더 큰 시스템을 고려하면서 나오게 되는 건설적인 행동과 활동, 그리고 이 행위들과 연관된 기술을 말한다.
지적 겸손	자신이 가진 관점, 경험, 이해가 부분적이고 제한적이며 불완전하다는 것을 인식하고, 자신의 관점과 이해가 시간에 따라 변하고 성장할 수 있다고 생각하는 것. 지적 겸손을 통해 타인의 말에 경청하고, 다양한 관점을 고려하며, 새로운 정보를 학습할 수 있다.
공평	개인적 수준과 시스템적 차원에서의 공정과 평등. 모든 사람이 자신이 통제할 수 없는 상황과는 상관없이 최대한 잠재력을 발휘해 성공할 수 있도록 하는 것을 말한다.
인성적(윤리적)	인간의 기본적인 가치와 덕목에 부합하는 방식으로 자신과 타인의 장기적인 이익을 도모하는 것. 이는 종교의 유무를 떠나 정립된 윤리의 대중적 정의다.
인성적 실천	기본적인 인간의 가치를 위반(자신과 타인의 행복을 방해하거나 해를 입히는 것)하지 않고, 개인과 타인에게 장기적인 이익을 주는 행동을 취하는 것.
윤리이해력	자신과 타인, 그리고 공동체의 고통과 행복에 연관된 문제를 합리적으로 생각하고 토론하는 능력. 관점의 다양한 측면을 이해하는 것을 의미하는 것으로, 자비와 겸손 같은 인간의 기본적인 덕목의 토대가 된다.
인성	자신과 타인을 위해 생각하고 행동하도록 이끄는 도덕적 원칙이나 가치. SEE Learning 에서는 상식과 보편적 경험, 그리고 과학에서 도출한 인간의 기본 덕목에 기초해 대중적

인 방식으로 접근한다. 종교의 유무는 상관없이 누구나 이해하고 실천할 수 있다.

증거 기반 교육 프로그램	연구와 정보 수집을 통해 증명된 긍정적인 효과를 가진 프로그램.
느낌	감정이나 신체적 감각. SEE Learning에서 '느낌'은 감정과 감각 모두를 설명하는 용어로 광범위하게 사용된다. 감정은 상황에 대한 평가에 기반하고 몸의 여러 곳에서 표현된다는 점에서 감각과 구별된다.
1인칭	어떤 것이 개인의 감각과 의식을 통해 직접적으로 경험되는 것. "나는 느낀다, 나는 알아차린다, 나는 인식한다, 나는 생각한다"와 같이 '나'라는 단어를 사용하는 것을 말한다. '객관적'인 세상에 대한 '3인칭'적 지식과는 대비된다. SEE Learning에서는 1인칭적 지식과 3인칭적 지식이 모두 중요하다. 감정에 대한 1인칭적 지식은 자신의 삶에서 겪는 감정에 대한 직접적인 경험을 말한다. 감정에 대한 3인칭적 지식은 타인, 책, 과학적 연구 등에서 알려주는 감정에 대한 객관적 사실을 의미한다.
행복과 번영 (flourish)	개인, 공동체, 환경의 건강. 자신의 잠재력이 무한으로 확장될 수 있다는 깨달음을 말한다.
감사	다른 사람으로부터 받은 혜택을 깊이 인식하고 이해하면서 생기는 정서적 반응. 감사는 보통 자신을 도와준 사람에 대한 따뜻한 느낌과 그들의 친절에 보답하고자 하는 마음을 갖게 한다.
접촉하기 (grounding)	몸이 물리적으로 지지되고 있는 방식(신체가 물체나 표면, 그리고 몸의 다른 부분과 물리적으로 연결되는 것)을 알아차리면서 안정감을 느끼는 것. 접촉하기는 SEE Learning에서 회복탄력성을 키우는 핵심적인 기술이며, 따라가기(tracking)와 함께 사용된다.
주의 깊음	자신과 타인에게 문제를 일으킬 수 있는 것을 조심하는 것.
지금 도와주세요! 전략	자율신경계의 균형을 가져오는 직접적인 도구. 보이는 것이나 들리는 것에 주의를 기울이기, 물을 한 잔 마시기, 벽을 밀기 등이 있다.
과흥분 영역	몸과 마음이 과하게 흥분한 상태. 불안, 공포, 분노, 좌절, 무기력, 스트레스 등을 느낄 수 있으며, 자신이 통제되지 않는다고 생각한다. 회복탄력영역과 대비된다.
정체성	자신에 대해 갖는 관점. 각 개인은 다양한 정체성을 가지고 있으며, 그중 다수가 맥락에 의해 좌우되고, 타인과의 관계 속에서 자신을 이해한다.
일시성	모든 것(경험과 감정을 포함)이 머물러 있지 않고 지속적인 흐름과 변화의 상태에 있다는 원리. 일시성에 대해 숙고하면 자신의 현재 상황이나 어려움이 시간이 흐르면서 변한다는 것을 알 수 있다.
통찰 활동	SEE Learning의 강화되는 역량과 관련된 깨달음을 주는 활동.

상호의존성	모든 것이 다양한 원인과 조건들로 인해 생겨나며, 그렇기 때문에 거리나 시간에 상관없이 모든 것은 연결될 수 있다는 원리. 우리 삶이 외부와 떨어져 홀로 존재하는 것이 아니며, 광대한 시스템 안의 사람들과 내적인 관계를 맺으면 살아가고 있다는 것을 말한다. 상호의존성은 시스템의 핵심적인 특징이며, 시스템의 한 부분이 인과관계의 사슬을 통해 다른 여러 부분에 영향을 미칠 수 있음을 설명한다. 반대 입장은 모든 것이 독립적으로 홀로 존재하며, 다른 무엇에도 연결되거나 의존하지 않는다고 보는 관점이다.
대인 관계 인식	우리 안에 내재된 사회적 본성을 이해하고, 타인의 존재를 인식하며, 그들이 우리 삶에서 가지는 의미에 주의를 기울이는 능력.
사랑	다른 사람이 진정으로 행복하기를 기원하는 것. 진정한 사랑은 타인 지향적이며, 그 사람이 자신에게 무엇을 해줄 수 있는지는 고려대상이 되지 않는다. 사랑(타인의 행복을 기원하는 것)은 자비(타인이 고통에서 자유로워지기를 기원하는 것)의 친구다.
무기력 영역	몸과 마음이 과소각성의 상태에 있는 것. 무기력, 슬픔, 우울, 외로움, 활동에 대한 무관심, 삶에 대한 열정의 부재 등이 나타난다. 회복탄력영역과 대비된다.
마음 지도	마음과 생각의 상태를 나타내는 개념적 모형. 이 모형은 더 정교하고 세밀하게 발전할 수 있으며, 감정과 경험을 탐색하고 안내하는 데 사용된다. 처음에는 모형이 외부 정보에 기초하지만, 개인적인 경험이나 관찰, 비판적 사고 등을 토대로 발전할 수 있다.
메타 인식	자신의 마음과 경험에서 일어나는 것을 알아차리는 것. 알아차림에 대한 알아차림이라고 할 수 있다. SEE Learning의 핵심 기술로, 학생들이 행동이나 반응을 하기 전에 의식적으로 자신의 정서적 과정이나 신체적 감각 등 여러 경험들을 알아차릴 수 있도록 돕는다.
메타 인지(초인지)	사고와 같은 인지적 과정에 대한 알아차림. 메타 인식과 긴밀히 연관되어 있다.
깨어있는 대화	질문을 하고 다른 학생이 이야기할 때 끼어들거나 방해하지 않고 주의 깊게 듣는 것. 60초에서 90초 후 화자와 청자의 역할을 바꾸면서 진행 하는 성찰과 나눔의 방법이다.
마음챙김	주의를 두는 것으로, 마음에 무언가를 간직하고, 잊지 않으며, 주의가 흩어지지 않아 잊어버리지 않는 것. 집중력 훈련을 통해 길러질 수 있다. SEE Learning의 마음챙김은 현재 순간에 대한 비판단적 알아차림이라는 일반적 정의와는 다르다.
오도된 시각	현실과 일치하지 않는 관점. 편향, 편견, 그릇된 가정, 오해, 비현실적인 기대 등을 말한다. 오도된 시각은 즉각적으로 반응하는 감정과 도움이 되지 않는 행동을 유발할 수 있다. 비판적 사고와 학습은 오도된 시각을 교정하는 데 필수적이다.
욕구	안전, 음식, 우정과 같이 모든 인간이 행복과 번영을 누리기 위해 요구하는 것.
부교감 신경계	자율신경계 중 하나로 호흡과 심장 박동과 같은 신체 기능을 느리게 하고, 소화와 같은 기능을 활성화시킴. 교감신경계('투쟁 또는 도피')와 반대로 '휴식과 소화' 반응 체계로 불린다.

인식/관점	자신이나 타인, 또는 상황을 바라보는 관점. 대상을 인지하는 방식에 따라 감정이 일어나기 때문에 다른 관점을 수용하는 것은 정서적, 사회적 지능을 향상시킨다.
개인적 영역	자기 인식, 자기 자비, 그리고 자기 조절과 같이 개인적인 측면들을 다루는 지식과 능력의 영역.
전달된 지식	경험적 학습이나 교사나 책과 같이 타인의 지도에 의해 얻어진 지식. 직접 깨닫거나 체화시킨 지식 이전의 단계를 말한다.
상호호혜성	개인과 집단 사이에 일어나는 교류에서 상호성과 공정성을 추구하는 것. 예를 들어, 사람들이 자신에게 친절하게 대하기를 원하면 자신도 다른 사람에게 친절하게 대해야 한다는 인식을 말한다.
반성적 활동	학생들이 자신의 내적 경험을 향해 체계적인 방식으로 지속적으로 주의를 기울이는 활동. 이를 통해 심화된 이해를 발달시키고, 특정 기술과 학습 주제를 내면화시킨다.
(신경계의) 조절	자율신경계의 양 축(교감, 부교감)이 건강한(항상성의) 방식으로 교차하는 것. SEE Learning의 회복탄력성 기술은 학생들이 자신의 신경계를 조절하면서 회복탄력영역으로 돌아와 지속적으로 머무를 수 있도록 돕는다.
사회관계 기술	타인과 건설적이고 유용한 방식으로 소통하고 상호작용하는 실제적인 능력. 갈등 전환 기술, 경청과 소통, 상담 기술 등이 포함된다.
회복탄력성	사람을 불안정하게 만들 수 있는 도전과제, 스트레스, 위협, 뜻밖의 사건들에 건설적으로 대응하는 능력. SEE Learning에서 회복탄력성은 개인적 수준, 대인 관계적 수준(지지적 관계), 구조적 수준(행복과 회복탄력성을 촉진하는 정책과 제도들), 그리고 문화적 수준(회복탄력성을 촉진하는 가치, 신념, 실천)에서 길러진다.
회복탄력성 증진	모든 사람은 트라우마와 스트레스에 대한 회복탄력성을 가지고 있음을 인식하는 강점 기반 접근법. 회복탄력성이 있기 때문에 우리는 생존할 수 있으며, 이는 지식과 실천을 통해 더 강화된다.
회복탄력성 기술	접촉하기, 자원 활용하기, 따라가기, 지금 도와주세요! 전략들. 선천적으로 내재된 능력으로 스트레스에 대처하고 행복을 증진하기 위해 사용한다.
회복탄력영역	몸과 마음이 건강하고 잘 조절된 상태. 이 상태에 있으면 사람들은 '최고의 자기'를 느낄 수 있다. 자신이 통제 밖에 있고 의사결정이나 행동을 취하는 데 생산적이지 않다고 느끼게 되는 과흥분 영역이나 무기력 영역에 갇히는 것과는 대조된다. 이 영역은 웰빙 영역이나 OK 영역이라고도 불린다.
자원	자신의 안전, 행복, 건강과 연결된 것. 실재하거나 상상으로 만든 사건, 사람, 장소, 사물, 활동 등을 말한다.
자원 활용하기	마음속에 자원을 생생하게 떠올려 몸이 큰 행복감을 경험하도록 하는 것. 자원 활용하기

	는 신체 감각을 따라가는 것과 함께 사용되어야 한다.
자제	자신이나 타인을 해칠 수 있는 행동을 멈추는 것.
위험한 정서	지나치게 강한 감정이나 효과적으로 조절될 수 없는 감정. 자신이나 타인에게 큰 피해를 일으킬 수 있는 감정들을 말한다.
학교 분위기	학생과 교사에게 '느껴지는' 학교의 공기. 친근한 분위기, 환영하는 분위기, 안전한 분위기 등이 있다.
학교 문화	각 학교가 가지는 규준, 신념, 가치, 실천.
대중 윤리 (secular ethics)	상식과 일반적 경험, 그리고 과학에 기반을 둔 보편적인 윤리에 대한 비종교적 접근. 종교의 유무를 떠나 누구에게나 수용 가능한 것을 말한다. 대중 윤리는 SEE Learning이 인성 교육에 접근하는 방식이다.
자기 자비	자신이 가진 한계와 어려움에 대해 부드럽게 바라보는 마음이 행복과 회복탄력성을 키우는 알아차림과 결합된 것.
자기 효능감	목표를 달성하는 능력에 대한 믿음.
자기 조절	감정과 신경계, 행동을 안내하는 능력. 자신과 타인의 행복을 도모하게 되고, 그들에게 해를 입히지 않게 된다.
감각	따뜻함, 차가움, 고통, 마비, 느슨함, 긴장됨, 무거움, 가벼움 등과 같이 신체의 특정 부위에서 느껴지는 신체적 반응. 감각은 유쾌하거나 불쾌하거나 중립적으로 경험할 수 있다.
옆으로 돌아 머물기	몸에서 불쾌한 감각을 느꼈을 때, 기분 좋게 느껴지는 다른 부위로 주의를 옮겨(옆으로 돌아) 잠시 동안 그곳에 집중하는 것(머물기). 이 과정은 신경계를 초기 상태로 되돌리고 신체적 안정감을 가져온다.
사회관계 영역	SEE Learning 모형의 교육과정 영역 중 하나로 대인 관계를 유지하는 것과 관련된 것. 타인에 대해 알아차리고, 자비와 친사회적인 정서를 개발하며, 타인과 건설적으로 관계를 형성하는 법에 대해 배운다.
사회 정서 학습 (SEL)	어른과 아이들 모두가 자신의 정서를 이해하고 조절하며, 긍정적인 목표를 세우고 이를 달성하기 위해 노력하는 것이다. 또한, 타인에게 공감하고 이를 표현하며, 긍정적인 관계를 만들어 유지하고, 책임감 있는 의사 결정을 내리기 위해 필요한 지식과 태도, 기술을 익히고 효과적으로 적용하는 것이다. 사회 정서 학습은 전 생애에 걸쳐 이루어질 수 있다.
사회 지능	타인을 인식하고, 긍정적이고 효과적인 방식으로 타인과 관계를 맺는 능력. 개인적 차원과 집단적 차원에서 인간의 상호작용을 이해하는 능력을 말한다.

사회적 고립	타인과 친밀한 관계를 형성하지 못한 상태. 다른 사람들과 단절되어 있다고 인식되는 상태를 말한다.
사회적 위협	타인에게 거부되거나 외면당할 수 있다고 인식하는 상황. 생존을 위협하는 물리적 위험에 처했을 때 신경계는 물리적 위협을 감지하고 방어하게 되는데, 사회적 위협도 물리적 위협과 유사한 방식으로 반응하기 때문에, 큰 스트레스와 트라우마를 만들게 된다.
스트레스	적대적이거나 매우 힘든 상황에서 오는 신체적, 정서적 긴장과 균열. 심각한 스트레스와 만성적 스트레스는 개인의 신체적, 정서적 건강을 해칠 수 있기 때문에, SEE Learning 은 개인적 수준과 시스템적 수준에서 스트레스를 다룰 수 있는 회복탄력성 전략을 개발하는 데 초점을 두고 있다.
주관적인	개인이 세상을 인식하고 해석하는 방식. 1인칭적 관점을 의미한다.
교감신경계	자율신경계의 양 축 중 하나. 신체가 위험에 대비할 수 있도록 근육을 수축하고 심장 박동을 빠르게 만들며, 소화와 휴식의 기능은 차단시킨다. '투쟁 혹은 도피' 시스템으로 불리며, 과도한 스트레스나 위협은 교감신경계를 지나치게 혹사시켜 불균형을 초래한다.
시스템 지능	현상을 더 잘 이해하기 위해 시스템적 사고와 기술을 활용하는 능력.
시스템적 사고	앞에 있는 사물과 사건이 다른 사물이나 사건들과 복잡한 인과 관계로 얽혀 상호의존적으로 존재하는 것임을 이해하는 능력.
따라가기	유쾌하거나 중립적인 감각을 알아차리고, 그것에 지속적으로 집중하는 것.
트라우마(외상)	스트레스 상황이나 위협적인 사건에 대한 자연적인 반응. 신경계에 부담을 주고 안정감을 무너뜨려 몸과 마음에 큰 충격을 주는 것을 말한다. 이 충격은 지속적으로 유지되기도 한다.
(외상)치유적 접근	스트레스와 트라우마가 개인과 공동체의 정서적, 신체적 건강에 미치는 영향을 탐구하면서 개발된 치유적 접근법. SEE Learning에서는 개인과 집단의 회복탄력성을 위한 안전한 교육 환경을 만들기 위해 사용한다.
가치	개인이나 사회가 가장 중요한 것이라고 생각하는 것. 개인과 사회의 행동과 소망에 내재된 원칙들을 의미한다.
안녕(웰빙)	행복하고, 건강하고, 만족스러운 상태. 신체적, 정서적, 사회적, 문화적, 환경적인 모든 것이 안녕의 상태를 지닐 수 있다.

사회·정서·인성 교육과정에 대한 자세한 내용은
'씨러닝코리아'를 통해 확인해 주세요.

| 옮긴이 |

민희정

Ph.D. University of Wisconsin-Madison
동국대학교 아동청소년교육학과 조교수
씨러닝코리아

SEE Learning 사회 · 정서 · 인성 교육 안내서

초판발행	2022년 5월 10일
중판발행	2023년 1월 30일

지은이	Center for Contemplative Science and Compassion-Based Ethics at Emory University
옮긴이	민희정
펴낸이	노 현

편 집	정은희
표지디자인	Estella Lum Creative Communications · 이영경
제 작	고철민 · 조영환

펴낸곳	㈜ 피와이메이트
	서울특별시 금천구 가산디지털2로 53, 210호(가산동, 한라시그마밸리)
	등록 2014. 2. 12. 제2015-000165호
전 화	02) 733-6771
fax	02) 736-4818
e-mail	pys@pybook.co.kr
homepage	www.pybook.co.kr
ISBN	979-11-6519-266-2　93370

＊파본은 구입하신 곳에서 교환해 드립니다. 본서의 무단복제행위를 금합니다.
＊역자와 협의하여 인지첩부를 생략합니다.

정 가	15,000원

박영스토리는 박영사와 함께하는 브랜드입니다.